VOYAGE A VENISE.

ARSÈNE HOUSSAYE

PORTRAITS DU XVIIIe SIÈCLE. POÈTES ET PHILOSOPHES. — LA PEINTURE. — LA COUR ET LE THÉATRE. 4e édition. 2 volumes, à . 3 fr. 50 c.

POÉSIES COMPLÈTES. 1 volume. . . 3 fr. 50 c.

HISTOIRE DE LA PEINTURE FLAMANDE ET HOLLANDAISE. Edition in-folio, avec 100 gravures. 300 fr.
— Edition in-8. . . . . 10 fr.

ROMANS, CONTES ET VOYAGES. 2 vol. à 3 fr. 50 c.

A paraître.

MÉMOIRES LITTÉRAIRES (1835-1850). 1 vol. in-8.

HISTOIRE DU 41e FAUTEUIL DE L'ACADÉMIE. 1 vol.

Imprimerie de GUSTAVE GRATIOT.

VOYAGE

À

VENISE

PAR

ARSÈNE HOUSSAYE.

FERDINAND SARTORIUS, ÉDITEUR

17, QUAI MALAQUAIS

MDCCCL.

1849

VOYAGE A VENISE.

I.

PRÉFACE DE VOYAGE.

Depuis que je ne lis plus, je voyage. Ce monde (qui n'est pas le meilleur) est un livre sacré écrit par Dieu et commenté par les hommes. Je l'ouvre çà et là, au hasard, tantôt à la page connue, tantôt à la page inconnue. Dans le roman du monde, comme dans celui de l'amour, il faut savoir sauter des pages à propos. On saute par-dessus Pontoise, comme on saute par-dessus une déclaration galante. Je viens de sauter par-dessus Pontoise dans un wagon du chemin du Nord.

Montesquieu disait : « L'Allemagne est faite pour y voyager, l'Angleterre pour y penser, l'Italie pour y séjourner, la France pour y vivre. Montesquieu avait-il lu ce vieux proverbe : *Italia para nacer, Francia para vivir, Espana para morir?*

Les Français vivent comme les arbres, sous le

même ciel, au même soleil, enracinés dans le sol. Il est reconnu que les Français ne voyagent guère, — j'allais dire ne voyagent pas. — Le Parisien ne s'embarque volontiers que pour Saint-Cloud, ou ne prend sans souci la poste que pour Fontainebleau. Apprendre à vivre, c'est apprendre à mourir. Il faudrait plutôt dire : Voyager, c'est s'habituer à la mort. Qui le sait ? Peut-être, en effet, que la tombe n'est qu'un nouveau pays, — l'autre monde, comme on dit. — Ce début est consolant pour ceux qui aiment les voyages et qui craignent le dernier. — Le dernier voyage est le seul qu'on fasse régulièrement en France : on traverse la mort; mais les Alpes ! mais les Pyrénées ! Je ne parle pas des Français en temps de guerre : ils vont partout. Je ne parle pas des Françaises qui vont à Bade : elles ne vont nulle part. — J'avoue que pour le Parisien Paris est un monde toujours inconnu. Je me suis mis en route un matin de bonne foi pour voyager dans la rue Saint-Denis; j'y ai fait de grandes découvertes archéologiques, j'y ai trouvé les origines du théâtre national et de la peinture française. J'ai commencé à écrire mon voyage, mais il m'eût fallu le souffle du Juif errant. J'ai reconnu d'ailleurs qu'il fallait écrire et ne pas voyager, — ou plutôt voyager et ne pas écrire.

Ainsi, le jour où je partais pour Venise, j'ai rencontré un des trois à quatre historiens qui annoncent aujourd'hui la grandeur et la décadence de la république des doges; cet historien digne de foi voyageait de la boutique de son libraire à la Bibliothèque royale. Je lui conseillai d'aller aussi étudier au musée du Louvre les toiles où le Canaletto a défiguré Venise avec tant de talent.

Pour moi, si j'écris aujourd'hui, ne m'en veuillez pas trop : je n'ai plus d'argent pour voyager. D'ailleurs, je n'écris pas, je raconte.

On dit communément que tout chemin conduit à Rome ; sur la foi de cet axiome, je me suis confié au chemin de fer du Nord, je suis allé saluer encore une fois Rubens à Anvers et Rembrandt à Amsterdam ; c'est d'ailleurs le chemin le plus court pour aller à Rome : le chemin le plus court n'est-ce pas le plus beau chemin ? Le plus beau chemin de l'Europe n'est-ce pas le Rhin ? Tous ceux qui voyagent (pour voyager et non pour arriver) avoueront comme moi que la belle route pour aller en Italie, c'est de remonter le Rhin et de traverser le mont Saint-Gothard. Les lacs de Guillaume Tell vous conduisent jusqu'au pied de cette montagne des Géants ; les beaux lacs d'Italie vous accueillent de l'autre côté à leurs fêtes éternelles.

Depuis mon départ de Paris jusqu'à mon arrivée à Venise, je n'ai pas rencontré un Français, je ne parle pas des artistes, qui sont de tous les pays. Cependant je me souviens qu'au sommet du Righi il y avait en même temps que moi un Parisien né à Paris, qui parlait de Paris, des femmes de Paris et de l'Opéra de Paris.

Ce Parisien forcené était un auditeur au conseil

d'État qui tenait sans doute beaucoup à son titre, car il l'inscrivit en majestueux caractères sur le registre des voyageurs : — *Auditeur au conseil d'Etat !* — C'était inutile, monsieur, car nul d'entre nous ne vous niait les oreilles. On comprend jusqu'à un certain point qu'on prenne ce titre-là pour aller au concert, mais pour aller voir les splendides paysages du Righi !

De Milan à Venise, j'ai voyagé avec un philosophe allemand qui savait toutes les langues, — même la sienne. — Nous parlâmes longtemps de l'art moderne en Allemagne. Comme nos compagnons de voyage étaient Anglais et qu'en leur qualité d'Anglais ils avaient vu trois ou quatre fois Venise, je priai mon philosophe, à diverses reprises, de les interroger sur le pays où nous passions. Il s'interrompit dans ses digressions d'art et (selon son habitude, depuis que nous étions ensemble) transmit fidèlement ma question. Quand on lui eut répondu, il garda le renseignement pour lui et continua avec passion à discuter les doctrines d'Overbeck.

Voilà tout ce que j'appris de Milan à Venise.

Le paysage n'est pas accidenté, mais la nature y est pleine de force et de saveur; elle enivre le regard par son exubérance, par son éclat et par sa couleur. Elle étale avec pompe tout son luxe de pampre qui court en arcades épanouies sur les champs de houblon, de maïs et de tabac.

II.

DE VICENCE A PADOUE.

Près de Padoue, au sein de ce riche pays
Où le pampre s'étend sur le blé de maïs
(Que n'ai-je vos pinceaux, Titien ou Véronèse,
Pour ce divin tableau digne de la Genèse!),
Une femme était là, caressant de la main
Un bambino couché sur l'herbe du chemin :
Plus souples et plus longs que les rameaux du saule,
Ses cheveux abondants tombaient sur son épaule ;
Elle était presque nue, à peine un peu de lin
Lui glissait au genou ; plus d'un regard malin
Courait comme le feu de sa jambe hardie
A sa gorge orgueilleuse en plein marbre arrondie.

Elle se laissait voir naïve en sa beauté
Sans songer à voiler sa chaste nudité ;
Dieu l'avait faite ainsi, comme il avait fait Ève,
Un matin qu'il voulait réaliser un rêve :
Pourquoi cacher au jour ce chef-d'œuvre charmant
Créé pour être vu, divin enchantement!

A la fin, devinant qu'on la trouvait trop belle,
Elle voulut voiler cette gorge rebelle ;

Elle étendit la main, mais le voile flottait.
Son front avait rougi ; de femme qu'elle était
Elle redevint mère : — avec un doux sourire,
Un sourire plus doux que je ne saurais dire,
A son petit enfant elle donna son sein,
O sublime action ! Les anges par essaim,
Chantant Dieu, sont venus pour voiler de leurs ailes
L'altière volupté de ces saintes mamelles.

III.

VENISE.

Sannazar a chanté Venise par les hyperboles les plus audacieuses. Il met en scène Neptune et Jupiter. « Voyez, dit le dieu de la mer au dieu de la foudre, voyez Rome et voyez Venise ! Vantez tant qu'il vous plaira votre Capitole et votre Tibre, œuvre des pygmées et fleuve des pygmées. Regardez l'une et l'autre ville ; vous direz que Rome a été bâtie par les hommes et que Venise n'a pu l'être que par les dieux :

Si pelago Tybrim præfers, urbem aspice utramque :
Illam homines dices, hanc posuisse deos.

Byron s'écriait : « Je te salue, ô Cybèle des mers qui m'apparaît dans le lointain couronnée d'un diadème de tours et commandant avec majesté aux flots et aux divinités de l'Océan ! »

N'oublions pas le sonnet d'Alfieri :

Ecco, sorger dall' acque io veggo altera
La canuta del mar saggia reina...

Campanella a écrit un beau sonnet sur Venise :

« Nouvelle arche de Noé, qui, soulevée sur les flots, préserva de sa perte la race juste, quand Attila, le fléau de Dieu, s'abattait sur l'Italie.

« Tu n'as jamais été profanée par la servitude; tu produis des héros qui pensent et qui savent. Aussi on te nomme à juste titre Vierge immaculée et mère féconde.

« Tu nages dans la mer, tu rugis sur la terre, et tu voles dans le ciel!

« O reine, tour à tour poisson et lion ailé, — le lion de Saint-Marc — portant l'Évangile! »

Les poëtes ont chanté Venise, les romanciers y ont conduit leurs héroïnes, les voyageurs en ont décrit les mœurs, les peintres ont reproduit ses palais et ses églises; mais ni les romanciers, ni les poëtes, ni les voyageurs, ni les peintres n'ont réussi à représenter à l'imagination ni aux yeux cette merveille orientale. Devant Venise il faut fermer le quatrième livre de Child Harold, il faut voiler les plus jolies pages de Canaletto, ce paysagiste d'un pays sans terre. Il n'y a qu'un tableau qui puisse donner une idée de Venise, c'est Venise.

Quand on arrive à Venise, on est tenté de s'écrier comme le prophète devant Tyr : « Comment avez-vous péri, vous qui habitez dans la mer! O ville superbe! les îles seront épouvantées en voyant aujourd'hui les vagues seules sortir des portiques de vos palais. »

Quand on entre à Venise, le cœur est saisi d'une soudaine tristesse. Le lion de Saint-Marc est dans la cage de fer des barbares du Nord (1). L'Adriatique, la mer des poëtes, qui venait, aux beaux siècles, battre avec amour les palais de marbre pour bercer la volupté de Violante, l'Adriatique elle-même est morne et sombre depuis qu'elle ne réfléchit plus que des palais déserts et lamentables. Peuple de la République, où es-tu? Car ce n'est pas toi que je rencontre lâchement endormi sur ces seuils délaissés. Peuple de la République, qu'as-tu fait de ta mère? Tu l'as livrée, la belle et savoureuse fille de l'Adriatique, à la passion brutale des rois étrangers. Ils ont envahi sa couche, ils l'ont enchaînée avec leurs mains sacriléges, ils l'ont battue comme une fille de joie. Et toi, peuple de la République, tu ne t'es pas réveillé pour mourir, en t'écriant comme le poëte :

> Qui vivra sera libre, et qui meurt l'est déjà !

Venise est sortie de la mer, comme Vénus; comme Vénus, Venise fut belle et passionnée, toute aux folies du cœur, toute aux ivresses des lèvres et des yeux.

Venise « la reine de la mer! » c'est une ville d'un autre monde ; dès qu'on a mis le pied dans ses silencieuses gondoles vêtues de noir comme des catafalques, on oublie tout d'un coup le pays

(1) Ces pages étaient imprimées dans le *Constitutionnel* avant la Révolution qui — espérons encore — rendra à Venise sa république et sa splendeur. Rome a eu deux époques.

d'où l'on vient, on est tout à Venise par le cœur qui bat comme par la tête qui pense. C'est là surtout qu'on voyage dans la mort : c'est le silence de la tombe, c'est l'odeur de la tombe, c'est la tombe elle-même. Mais qui ne voudrait habiter un pareil monument, poëme grandiose où l'architecture et la sculpture ont chanté tour à tour les plus belles strophes de la poésie orientale?

Venise est sortie de la mer belle et victorieuse, elle a dompté cette fière et ombrageuse cavale qui ne se soumet qu'à l'éperon d'or du maître invisible. Mais peu à peu la mer reprend son empire, elle bat en brèche la ville abandonnée, elle dévore chaque nuit un grain de pierre au palais ducal, elle entre dans le palais des Foscari et des Barbarigo, elle submerge tous les rêves de marbre de Palladio. Celle qui est sortie de la mer sera engloutie par ia mer. Si Venise avait encore ses enfants, les enfants de la République, elle pourrait lutter et battre avec l'aviron des doges les vagues triomphantes; mais Venise n'a plus d'enfants suspendus à ses mamelles flétries; à quoi bon des enfants d'ailleurs? Pour qu'ils deviennent les esclaves de l'empereur d'Autriche. On tente en vain de sauver Venise d'une mort prochaine : il n'y a plus de ville là où l'on n'entend plus battre le cœur du peuple. Venise n'est plus qu'un glorieux sépulcre comme Jérusalem.

Aller à Venise, pour les artistes, c'est aller en pèlerinage. Je ne saurais dire avec quelle pieuse ferveur je saluai dans le lointain transparent tout à la fois bleu, rose et doré, les dômes et les clochers. Tout chrétien que je suis, j'avoue que ce n'était pas l'idée de Dieu qui rayonnait sur ses églises, c'était le souvenir de Titien et de Véronèse, les maîtres éclatants qui vivent dans le soleil, même au delà du tombeau.

Il y a peu de temps encore on arrivait à Venise en gondole et en barque; aujourd'hui que le chemin de fer envahit tout, on débarque par un chemin de fer. Du reste, j'aime beaucoup cette façon de traverser la mer dans l'équinoxe.

Le chemin de fer ne tardera pas à supprimer les Alpes. Dans l'état où est tombée Venise, ce chemin de fer semble bien moins destiné à y conduire qu'à sauver les débris de la ville à son dernier jour.

A mon arrivée, Venise avait son ciel italien, ce qui n'arrive pas tous les jours; l'empereur d'Autriche ne s'est pas contenté d'y envoyer sa politique et ses soldats, il a envoyé les giboulées et les orages de son pays.

Un omnibus attelé de deux rameurs nous prit au débarcadère et nous conduisit à l'hôtel. — Au *Leone-Bianco* — la reine de Hollande a retenu tout l'hôtel. — A Danieli — la famille Galitzin a tout envahi.

On nous conseilla d'aller à la *Luna*, du moins jusqu'au lendemain. Pourquoi pas à la *Luna*, j'aime la lune, au clair de la lune? Cet hôtel est situé sur le grand canal, devant le jardin du Palais-Royal, presque sous les arcades de la place Saint-Marc :

on ne saurait désirer un meilleur logement.

Mais il paraît que dans tous les pays il faut aimer la lune aux heures de rêverie et non aux heures des repas. L'hôtelier nous donna de belles chambres dallées de mosaïque et couvertes d'arabesques, mais il nous avertit qu'on ne dînait pas à la *Luna*. — On ne dîne pas? — C'est bien pis, répliqua-t-il, on dîne mal.

C'était la première fois que je rencontrais un hôtelier de cette espèce. Nous étions vivement touchés de son avertissement; nous sortîmes pour aller chercher ailleurs « la fortune du pot, » mais la fortune du pot ne se rencontre pas à Venise. On y vit un peu de vent et de soleil, avec une orange, un raisin sec, du gâteau de riz, du café. Il n'y a point de restaurateurs; je ne parle pas de quelques sombres cabarets où il m'a paru impossible de voir ce qu'on mange en plein midi. Les gens du peuple n'ont point de ménagères; ils déjeunent et dînent dans la rue avec un crabe bouilli. Point d'intérieur, point de feu, à peine un grabat entre deux cloisons. Les gondoliers vivent dans leurs gondoles, où ils ne chantent pas les vers de Torquato.

Cependant mon philosophe allemand voulait dîner; moi je ne vivais plus que par les yeux : je n'étais pas venu à Venise pour dîner.

IV.

SAINT-MARC.

J'étais planté comme un point d'admiration devant la basilique de Saint-Marc, cette merveille grecque, romaine et gothique, ce songe des *Mille et une Nuits*, ce poëme plein de vie et de couleur qui chante plutôt la gloire de l'art que la gloire de Dieu. Dieu, dans sa simplicité de bon père de famille, n'aime pas toutes ces éblouissantes richesses. La basilique Saint-Marc est une mosquée autant qu'une église. Jamais on n'a confondu si harmonieusement les styles divers du génie architectural, la suprême élégance des Grecs et le luxe éclatant des Byzantins.

Déjà tout émerveillés du portail et des dômes qu'illuminait un gai soleil de septembre, des fameux chevaux de Corinthe, du groupe de porphyre, du lion mutilé, nous entrâmes avec un soudain éblouissement : ces mosaïques à fonds d'or, courant sur toutes les voûtes et traduisant l'histoire sainte depuis Adam jusqu'aux évangélistes; ces pavés de jaspe et de porphyre; ces colonnes innombrables de marbre, de bronze, d'albâtre, de vert antique et de serpentine; ce bénitier, chef-d'œuvre du XVe siècle qui s'élève sur un autel antique, chef-d'œuvre sans date; le fameux candélabre, la *Pala d'oro*, les tombeaux, tout ce luxe d'or et de marbre, d'art et et de poésie, où le soleil, à son couchant, jetait quelques vifs rayons, confondait ma curiosité.

Je m'étais arrêté non loin de l'autel devant une porte de bronze où trois figures en relief m'avaient frappé.

— Ce ne sont pas là des gens d'église, dis-je à mon compagnon.

J'avais reconnu Titien. Il avait reconnu Arétin. Nous découvrîmes bientôt que la troisième tête était celle de Sanzovino, qui a passé trente années à sculpter et à ciseler cette porte.

Arétin est là dans toute son audace. C'est une tête vivante qui porte avec insolence le cachet d'un odieux caractère tempéré par l'esprit. Arétin était marchand de louange ou de calomnie : Titien lui-même le peignait pour être proclamé un grand artiste ou pour adoucir ses diffamations.

Mais le Tintoret n'eut pas les mêmes ménagements; un jour il alla chez le poëte, et lui prit mesure avec un pistolet : « Pierre Arétin, vous avez trois de mes pistolets de haut, » lui dit-il. Le peintre était bien nommé Robuste.

La parole d'Arétin, c'était l'épée de Damoclès suspendue sur tout le monde. Aussi ce fut un beau jour pour ses ennemis et même ses amis que le jour où l'on put inscrire sur lui, sans crainte de le réveiller :

Qui giace l'Aretin poëta tosca
Che d'ognun disse malo che di Dio,
Scusandosi col-dir'io n'ol conosco.

C'était un puissant et infâme journaliste, qu'on peut regarder comme le créateur du *chantage*. N'a-t-il pas fait chanter François Ier et Charles-Quint, sans compter les mille petits souverains de l'Italie? Les uns lui envoyaient une chaîne d'or, les autres un cheval; — les plus pauvres des coups de bâton, tout simplement; — ce qui ne l'empêcha pas de faire graver des médailles où il prit insolemment le titre de *divin*.

Il faut avouer que son portrait est une des bizarreries de Saint-Marc. Michel-Ange ne dirait pas, il est vrai, de cette porte de Sanzovino comme il disait de celle du baptistère de Florence : *La porte du Paradis.*

On resterait plus longtemps à Saint-Marc, si le palais ducal n'était à côté. Si le palais ducal est le Capitole du pouvoir aristocratique, le pont des Soupirs en est la roche Tarpéïenne. Sombre histoire! Dès la première page, Marino Faliero, qui la commence, eut la tête coupée, et Calendrio l'architecte, ce précurseur de Michel-Ange, finit ses jours sur l'échafaud.

L'aspect du palais ducal est tout à la fois sévère et riant comme un château gothique bâti par un amoureux au retour des croisades; c'est le génie du Nord et de l'Orient confondus dans une même pensée. Les chapiteaux des colonnes du premier ordre de la façade, avec leurs feuillages, leurs figures et leurs symboles qui ont un accent hardi et primitif; la logietta de Vittoria, la della Carta, les statues grecques de la façade de l'Horloge, l'Adam et l'Ève de Rizzo, la petite façade de Bergamasco, le Mars et le Neptune de Sanzovino, l'escalier d'Or, sont une splendide entrée en matière. On entre avec religion dans ce palais qui n'est plus habité que par les chefs-d'œuvre.

Dans le palais, il y a une bibliothèque; mais les vrais historiens de Venise, ce sont les peintres. Toute l'histoire de la république est écrite sur les plafonds du palais, dans des cadres splendides tout de marbre et d'or.

— Si nous allions dîner? me dit tout à coup mon philosophe.

Je le suivis en silence.

V.

UN TABLEAU VIVANT DE VÉRONÈSE.

Je n'avais pas encore vu de Vénitienne. Tout d'un coup je vis apparaître, comme par magie, un tableau de Paul Véronèse dans tout son éclat et dans toute sa désinvolture.

C'étaient quatre jeunes filles blondes — brunes à reflets dorés, des filles du peuple vives et paresseuses, cherchant le soleil et le gondolier. Chaque fille du peuple, à Venise, a deux amants pareillement aimés : le soleil et le gondolier. Le règne de l'un commence — quand l'autre achève le sien.

En voyant passer dans leur nonchalance de reines ces belles filles nées pour être belles et non pour le travail, j'admirais tour à tour Dieu dans son œuvre et Paul Véronèse par le souvenir. Elles allaient à peine vêtues de l'air du temps. Elles n'ont ni bonnet, ni chapeau, ni aucune de ces horribles inventions des femmes du Nord qui ont peur de s'enrhumer. Leurs cheveux abondants sont à peine retenus sur la nuque par un peigne d'écaille. Il y a toujours quelque touffe indocile qui s'échappe *bruyamment* comme une gerbe d'or. Leur robe est à peine agrafée; leur corsage orgueilleux rappelle celui de la maîtresse de Titien au Musée du Louvre; il n'est pas beaucoup plus voilé. Elles se drapent en chlamyde avec une majesté orientale dans un châle de cent sous. Quelquefois elles se drapent sur la tête comme les Espagnoles. Elles traînent avec beaucoup de grâce des mules de bois ou de maroquin d'une jolie coupe, à haut talon. Elles sont d'assez belle taille cependant pour ne pas rappeler les vers de Juvénal :

Breviorque videtur
Virgine Pygmæa nullis adjuta cothurnis;

c'est-à-dire, quand elle n'a pas ses patins, *elle paraît plus petite qu'une Pygmée*. Elles sont toutes coloristes; elles cherchent les couleurs amies ou les oppositions harmonieuses. Il semble qu'elles aient été à l'atelier des peintres vénitiens du siècle d'or. C'est bien le même effet violent, le même amour des teintes ardentes, le même style étoffé, n'atteignant ni au simple ni au sublime, mais éclatant en magnificences théâtrales; le style de Véronèse à Venise, de Rubens à Anvers, de Giordano à Naples et de Lemoine à Paris. Cicéron n'eût pas aimé les femmes de Venise, mais Pline les eût adorées.

Titien, le roi suprême des coloristes même en face de Rubens, même en face du Giorgione et de

Véronèse, ne reconnaissait que trois couleurs, le blanc, le rouge et le noir ; il y trouvait ses ciels, ses Violante, ses doges, ses arbres et ses rayons. Les femmes du peuple à Venise n'aiment que ces trois couleurs ; le soleil achève le tableau.

V.

LA MAITRESSE DE TITIEN.

Dès mon arrivée à Venise, j'ai pensé que l'idéal était une invention du Nord : le Midi n'est jamais vaincu par l'art. A Venise, ni Bellini, ni Giorgione, ni Titien, ni Véronèse, n'ont surpassé dans leurs madones ou leurs courtisanes la beauté des filles de l'Adriatique.

Les maîtres vénitiens, comme les maîtres flamands, ont reproduit avec tant de vivante vérité l'œuvre de Dieu qu'à chaque pas à Anvers ou à Venise on croit rencontrer un tableau ou un portrait. On s'arrête tout ébahi en s'écriant : Quelle couleur et quelle lumière ! On croit d'abord saluer le peintre, Titien ou Véronèse, Rubens ou Van-Dyck : c'est Dieu qu'on salue.

Je n'avais pas encore vu de tableaux ; je rencontrai sur la Guidecca, en revenant de San-Giorgio-Maggiore, dans une gondole assez rafalée, une belle fille de vingt ans d'un éclat inouï, d'une jeunesse exubérante. La santé a aussi sa poésie. Je reconnus du premier regard la Flora du Titien, la fille de Palme le Vieux. Elle avait un bouquet à la main, bien moins éclatant, bien moins épanoui qu'elle-même. Elle se penchait nonchalamment sur la Guidecca pour voir sa beauté, tout en secouant sur ses lèvres les fleurs déjà flétries de son bouquet. Le gondolier qui la conduisait à la place San-Marco la regardait avec passion; il chantait à demi-voix les notes bizarres des bacchanales du Lido. C'était un beau gondolier vêtu de haillons, mais dans le style vénitien. On ne saurait avoir une idée de sa grâce à ramer sans l'avoir vu à l'œuvre. La belle l'écoutait avec le charme d'un vague souvenir d'amour. Dieu sait la folle passion que ces notes perdues lui rappelaient. J'étais tout à Titien et à sa maîtresse. Leur histoire n'est connue de personne, pas même de leurs historiens.

POÈME.

Elle était fille de Palma, la belle Violante.

Quand le quinzième printemps eut fleuri sur ses joues, le peintre s'agenouilla devant sa fille comme devant une image de la sainte Vierge Marie, reine des anges.

« Violante, Violante, lys épanoui dans mon amour sur les flots bleus de la belle Venise, ta gloire en ce monde sera incomparable : la Vierge que je vais peindre pour l'église de la Rédemption, sera ton image fidèle, ô Violante!

« Car tu es l'image des saintes filles qui sont là haut dans le ciel où est Dieu.

« Car l'or de tes cheveux est tombé du ciel comme un rayon d'amour; car la flamme qui luit dans tes yeux, c'est la flamme divine que les anges allument sur leurs trépieds d'argent. »

Et, disant ces mots, le peintre prit sa palette, et peignit pour la gloire de l'Art et pour la gloire de Dieu.

La Vierge qui s'anima sur le panneau de bois de cèdre fut un chef-d'œuvre tout rayonnant d'amour et de vérité.

Quand le tableau fut achevé, la belle Violante s'envola comme un oiseau pour aller chanter sa chanson. Elle était née pour aimer comme toutes les filles de la terre. Dieu lui-même, qui aime la jeunesse en ses égarements, jette des roses odorantes sur le chemin de Madeleine pécheresse.

Comme elle allait chantant sa chanson, elle rencontra Titien et son ami Giorgione.

— Mon ami Titien, quel chef-d'œuvre tomberait de nos palettes, si une pareille fille daignait monter à notre atelier! Quelle Diane chasseresse fière et élégante! Quelle Vénus tout éblouissante de vie et de lumière!

— Si elle venait dans mon atelier, dit Titien tout ému, je tomberais agenouillé devant elle et je briserais mon pinceau.

Violante alla dans l'atelier du Titien : il ne brisa point son pinceau. Après avoir respiré avec elle tous les parfums enivrants d'une aube amoureuse, il la peignit des fleurs à la main, plus belle que la plus belle.

Giorgione vint pour voir ce portrait; mais Titien cacha la femme et le portrait.

Longtemps il vécut dans le mystère savoureux de cette passion si éblouissante et si fraîche : c'était le rayon dans la rosée.

Un jour, plaignez la fille de Palme le Vieux! Titien exposa le portrait de sa maîtresse. Tout le monde allait l'aimer, mais l'aimait-il encore ?

L'art est un paradis terrestre où l'amour vient s'épanouir, tantôt comme un beau lys digne du rivage sacré, tantôt comme une belle rose pleine d'altière volupté.

Après avoir souri aux Vénitiens par les yeux et les lèvres de sa maîtresse, Titien, enivré par le bruit... (Plaignez Palme le Vieux, qui ne voyait plus sa fille que dans les Vierges de la Rédemption), Titien métamorphosa Violante en Vénus sortant de la mer vêtue de vagues transparentes.

L'Art avait étouffé l'Amour; Violante était si belle, qu'elle se consola dans sa beauté ; son règne était de ce monde, elle régna.

Un soir, à l'heure du salut, elle entra à l'église de la Rédemption. La voyant entrer, on disait autour d'elle : Voilà Violante qui se trompe de porte.

En respirant les fumées de l'encensoir, elle tomba agenouillée devant un autel où son père venait prier souvent. L'orgue éclatait dans ses louanges à Dieu ; les jeunes Vénitiennes chantaient avec leurs voix d'argent l'hymne à la reine des anges.

Violante leva les yeux, ces beaux yeux qu'avaient allumés toutes les passions profanes.

Son regard tomba sur une figure de Vierge, la

plus pure, la plus noble, la plus adorable qui fût dans l'église de la Rédemption.

— Sainte Marie, mère de Dieu, murmura-t-elle doucement, priez pour moi.

Elle était frappée de la beauté toute divine de cette Vierge, qui semblait créée d'un sourire de Dieu.

— Hélas ! on me dit que je suis belle, c'est encore un mensonge de l'amour ; la beauté, la voilà dans tout son éclat avec une pensée du ciel.

Un souvenir était venu agiter son cœur, un vague souvenir, un éclair dans la nue.

— Quand j'étais jeune, dit-elle en contemplant la Vierge, quand j'avais seize ans...

Elle tomba évanouie sur le marbre : elle avait enfin reconnu cette Vierge si belle qui se détachait sur un ciel d'or et d'azur : c'était la Vierge de Palme le Vieux.

Violante s'était reconnue. — O mon Dieu, s'écria-t-elle en dévorant ses larmes, pourquoi avez-vous permis cette métamorphose ?

Elle qui la veille encore se trouvait si belle dans son miroir de Murano, elle cacha sa figure comme si elle se voyait dans toute l'horreur de ses égarements.

Elle se leva et sortit de l'église, respirant avec une sombre volupté l'amère odeur de la tombe.

Où alla-t-elle ? Le soleil, l'amoureux soleil de Venise vint sécher la dernière perle tombée de ses yeux. Où alla-t-elle ? On était dans la saison où le pampre commence à dévoiler ses altières richesses.

Elle rencontra Paul Véronèse, qui la couronna des premières grappes dorées de la Brenta. O ma Vierge! disait Palme le Vieux; — ô mon Idéal; disait Giorgione; — ô ma Maîtresse! disait Titien! — ô ma Bacchante! dit Paul Véronèse.

HYMNE.

Dédié à Giorgione.

Poëme que Titien jusqu'à sa mort chanta,
O fille de Palma! Violante adorée,
Folle œuvre du Très-Haut par le soleil dorée
Comme un pampre lascif qu'arrose la Brenta!

Fleur de la volupté, superbe Violante,
Ton nom vient agiter la lèvre avant le cœur,
Tu soulèves l'amour sur ta gorge brûlante
Où les pâles désirs s'abattent tous en chœur.

O fille de l'Antique et de la Renaissance,
Espoir des dieux nouveaux, souvenir des anciens,
Païenne par l'éclat et la magnificence,
Histoire en style d'or des amours vénitiens,

Sur le marbre un peu blond de ton épaule altière,
Que j'aime tes cheveux à longs flots répandus!

Dans ces spirales d'or que baigne la lumière,
Que de fois, en un jour, mes yeux se sont perdus !

Palma faisait de toi sa plus pure madone,
La vierge de quinze ans t'adore en ses portraits,
Titien faisait de toi Madeleine qui donne
Qui donne à ses amants, ses visibles attraits.

O femme tour à tour chaste comme Suzanne
Et faible comme Hélène, — Idéal, Vérité, —
Viens me dire pourquoi, divine courtisane,
Pourquoi Dieu t'a donné cette ardente beauté?

C'est qu'il faut que le cœur à l'esprit s'harmonise ;
Titien cherchait encor les sentiers inconnus :
Pour qu'il eût du génie, ô fille de Venise,
Tu sortis de la mer comme une autre Vénus !

Dans tes yeux noirs et doux sa gloire se reflète,
Car cet or qu'on croirait au soleil dérobé,
Ces prismes, ces rayons, ces fleurs de sa palette,
Par un enchantement, de tes mains ont tombé.

Oui, grâce à toi, Titien réalisa son rêve :
Sans l'amour à quoi bon les splendeurs de l'autel?
C'est par la passion qu'il devint immortel :
Dieu commence l'artiste et la femme l'achève.

VII.

TITIEN ET GIORGIONE.

Après avoir vu le portrait vivant de Violante, je vis son portrait peint; mais est-elle moins vivante dans l'œuvre du Titien, sous sa couleur de feu? Cette belle fille se retrouve dans presque toutes les galeries italiennes. Est-elle toujours peinte par Titien? On y reconnaît la touche du maître, mais le plus souvent il n'y donnait que le dernier coup de pinceau, — le plus difficile, celui qui révèle le génie. Voici la raison de toutes ces Violante attribuées à Titien. « Son atelier était un sanctuaire impénétrable. Lorsque ce grand maître sortait de sa maison, il laissait ouverte la porte de son atelier afin que ses élèves pussent copier furtivement les tableaux qu'il y laissait. Au bout de quelque temps il trouvait plusieurs de ces copies à vendre, il les achetait et les retouchait; de sorte que ces copies devenaient les originaux. Il lui arrivait même de les signer. » Après cette affirmation de Lanzi, historien digne de foi, on peut dire avec Théophile Gautier : « Hormis les sept ou huit musées royaux ou princiers où la généalogie des tableaux se conserve depuis qu'ils sont sortis de la main du peintre, toutes les toiles que l'on attribue aux grands peintres italiens ne sont que d'anciennes copies. » Cependant tous ces grands peintres italiens ont été si fertiles, surtout les Vénitiens! Les deux Bellini peignaient encore à quatre-vingt-dix ans; Montegna, Palma et Tintoretto étaient vaillamment à l'œuvre à quatre-vingts ans. Pour Titien, tout le monde sait qu'il mourut de la peste à quatre-vingt-dix-neuf ans.

Quelle vie éclatante, toute pleine de génie et de gloire! A son dernier jour il avait conservé toute la verdeur de ses vingt ans. J'ai vu à l'Académie des Beaux-Arts son premier et son dernier tableau, qui sont placés dans la même salle comme deux curieuses pages d'histoire : le croira-t-on? le tableau le plus hardi, le plus vivant, le plus lumineux, c'est le dernier. Je dirai même que, pour moi, c'est le plus beau tableau de cè peintre séculaire. C'est l'histoire du génie de Rembrandt, qui commença avec la sagesse et la patience, qui finit par les libertés et les hardiesses les plus sauvages. Homère écrivait l'*Odyssée* dans l'hiver de sa vie.

Puisque j'ai parlé de Rembrandt, je dirai tout de suite que j'ai vu à Venise une de ses Madeleines hollandaises.

A force de vérité, Rembrandt devient sublime comme d'autres à force d'élévation et d'idéal. Il y a à Venise une Madeleine de ce maître qui est un chef-d'œuvre d'expression et qui contraste singulièrement avec toutes les Madeleines des maîtres italiens. C'est une belle et simple Hollandaise; mais pour ce sublime poëme n'y a-t-il pas des modèles dans tous les pays? Si elle n'est pas belle par la grandeur des lignes, elle est belle par la douleur et le repentir (douleur et repentir de la première fille venue; mais pourquoi faire toujours de Madeleine une femme trop illuminée des splendeurs du Christ, un poëte par le cœur, une Sapho chrétienne chantant ses péchés plutôt qu'elle ne les pleure?). Cette Madeleine de Rembrandt, on voit bien qu'avant de lever les yeux au ciel elle a aimé les hommes de la terre; on voit bien qu'elle a pleuré de joie avant de répandre ces belles larmes que le génie a cristallisées. Elle n'est pas nue comme ses sœurs; on la voit à mi-corps et de face, habillée en Hollandaise; elle montre une main admirable comme les faisait Rembrandt en ses jours de bonne volonté. Elle vit encore de la vie humaine par le cœur, qui est l'orage de la créature; toutes les passions qui l'ont agitée sur la mer des dangers sont à peine assoupies dans son sein.

Les inquiétudes de la pensée n'ont pas tourmenté la figure de Titien; il n'a rien compris aux épouvantements bibliques ni au paradis idéal de l'art. Il s'est contenté d'être vrai et rayonnant. Vivant à Venise dans toutes les joies furieuses de la volupté, il eut pour muse une bacchante et noya sa poésie dans la chevelure de sa maîtresse tombant comme une pluie d'or sur la neige de ses épaules. Il a peut-être manqué à Titien quelque atteinte du mauvais ange, un amour trompé, une lutte sourde avec la misère, une grande peine de cœur : il a vécu heureux durant quatre-vingt-dix-neuf ans, admiré de tous, même des rois, même des empereurs. François Ier ramassait son pinceau et Charles V lui donnait les plus éclatantes lettres de noblesse. « Après avoir ouï le conseil de nos bien-aimés princes, comtes, barons et autres dignitaires du saint-empire, dans la plénitude de notre pouvoir césaréen, nous te créons comte du Sacré Palais de Latran, de notre cour et de notre impérial consistoire, t'en octroyons le titre par ces présentes, t'élevons à cette haute dignité et t'inscrivons au nombre des autres comtes palatins. Toi et tes enfants et leurs héritiers à perpétuité, nous vous déclarons aussi nobles qu'on peut l'être dans la plus haute condition humaine, comme si vous étiez nés de noble race, procréés par quatre aïeux paternels et maternels. Nous t'octroyons le glaive, l'éperon, la robe et la ceinture d'or. »

Mais la dernière heure de cette longue vie radieuse et sans orages fut le drame le plus sombre qui ait passé sur un homme.

Titien avait deux fils et une fille : Pomponio, Horace et Lavinie. Pomponio fut prêtre, Horace fut peintre, Lavinie fut belle. La peste vint fondre sur Venise, Horace fut des premiers atteints. Titien voulut veiller son fils, son cher Horace, celui qu'il croyait destiné à recueillir son héritage ; il tomba atteint sur le même lit. Il eut la douleur de voir mourir Horace ; il allait expirer lui-même, quand Pomponio, qui était le plus mauvais prêtre de ce XVIe siècle si fécond en mauvais prêtres, accourant en poste de Milan, se précipita dans le palais Barbarigo, que son père habitait depuis longtemps. Il ne s'inquiéta point de fermer les yeux de son père, il pilla les meubles de prix et les tableaux précieux pour les vendre à l'encan.

Titien, le glorieux artiste, mourut seul sans un ami, sans un serviteur pour lui dire adieu. Pomponio était moins qu'un serviteur. Il s'enfuit en toute hâte de Venise, laissant son père sans sépulture. Celui que François Ier et Charles V regardaient comme leur égal n'a pas eu un tombeau. On lui élève à cette heure un monument en face de celui de Canova, mais on n'a pas recueilli ses os. C'est à peine si Venise commence à reconnaître que ses peintres sont dignes de respect comme ses doges.

On taille du marbre pour Titien, mais on laisse Paul Véronèse sous une humble pierre, dans l'ombre d'une église abandonnée qui tombe en ruines, Saint-Sébastien, un sépulcre sans majesté.

Si pourtant Giorgione n'était pas mort en pleine jeunesse, comme un épi déjà doré dont le grain est encore vert, Titien serait-il le roi des coloristes accepté par la postérité? Titien n'était que l'homme de talent quand Giorgione vivait; quand Giorgione ne fut plus là, il osa être un homme de génie. En étudiant avec sollicitude l'œuvre des Vénitiens, on reconnaît bientôt que Titien a tout simplement recueilli l'héritage de trois maîtres, Zucati, Bellini et Giorgione. Et encore a-t-il atteint à toute la suavité de Bellini, à toute la poésie romanesque de Giorgione, cet autre Arioste armé d'un pinceau? La Madeleine de Titien égale-t-elle la Madone de Bellini? La célèbre *Assomption* vaut-elle le *Moïse enfant* de Giorgione? Sa passion pour la palette ne domina point Giorgione au point de lui restreindre l'horizon, comme il arriva pour Titien. Sa symphonie est moins bruyante, mais plus élevée. Dans le *Moïse enfant*, dans la plupart de ses tableaux, il n'a mis en opposition qu'un petit nombre de couleurs, toujours admirablement rompues par les ombres; aussi son harmonie est-elle sévère dans son éclat.

Il reste à Venise peu d'œuvres de Giorgione. On sait qu'il peignait la fresque sur la façade des palais, selon l'usage du XVe siècle. A peine en voit-on aujourd'hui quelques vestiges pieusement conservés. On reconnaît Giorgione du premier regard à sa fermeté de touche, à la fraîcheur orangée de ses carnations, au jet et à l'agencement de ses draperies; on le reconnaît surtout à son accent noble et fier. C'est un grand seigneur en peinture qui porte une vaillante épée et des éperons d'or.

VIII.

TABLEAU DES PEINTRES VÉNITIENS.

Si j'avais à peindre ce radieux tableau, je choisirais un triptyque, comme ceux des peintres primitifs. Sur le panneau central j'inscrirais en lettres de feu : *Siècle d'or* ; le premier volet, je le consacrerais au siècle d'argent, et le dernier, au siècle d'*alliage*.

Dans le premier volet, au-dessous des maîtres mosaïstes qui sont l'enfance de l'art, je grouperais autour de Giovanni Bellini, le peintre ineffable, Schiavoni, qui dérobait les anges à Dieu et les emparadisait dans son œuvre; Gentile Bellini, le passionné du vieux style; Andréa Montagna, ce Vénitien amoureux de l'antique, enthousiaste inspiré du ciel, qui le premier ouvrit les yeux aux peintres vénitiens sur les pompeux paysages de la Brenta; le Squarcione, surnommé le premier des peintres par ses élèves; Vittore Carpaccio, « qui avait la vérité au fond du cœur, » dont les figures, par leur mouvement et leur expression, semblent avoir une âme; Girolamo de Santa-Croce, le gracieux peintre des bacchanales, aube déjà lumineuse de Giorgione; Giam-Battista Cima, ou plutôt le Conegliano qui a tant de charme et de vérité dans ses mouvemens, dans ses airs de tête, dans son coloris; Montagnana, l'excellent styliste aux teintes *padouanes*; le correct et savant Francesco da Ponti; Bartolomeo, qui composait ses tableaux avec des feuilles d'or autant qu'avec des couleurs; Andrea di Murano, qui cache sa sécheresse par certains aspects de l'antique; les Vivarini, les éclatants coloristes, les peintres pieux et savants; Carlo Crivelli, le Pérugin exagéré de Venise; le svelte et élégant Marco Basaïti; enfin, quelques figures moins dignes de l'histoire et que l'oubli a voilées dans les demi-teintes.

Sur le panneau central, nous voyons apparaître quatre groupes tout rayonnants. C'est d'abord Giorgione à la touche hardie et dorée, autre Andrea del Sarto; Pietro Luzino, son élève et son rival, qui de la peinture *cavalière* était tombé dans l'art des grotesques, qui enleva la maîtresse de son maître et le fit mourir de chagrin; Sébastien del Piombo, le peintre aux couleurs transparentes, qui, à la mort de Raphaël, fut salué, en face de Jules Romain, le premier peintre de l'Italie; Giovanni d'Idine, qui eut un instant la palette de Giorgione et le pinceau de Raphaël; Francesco le More, qui avait la main pour exécuter quand Jules Romain ou un autre voulait bien penser pour lui; Lorenzo Lotto, qui tempérait son pinceau véhément par le jeu des demi-teintes, qui mourait les mains jointes devant une image de la Vierge de sa création, digne des figures de Leonardo di

Vinci; Palma le Vieux, le père de Violante, le maître de Bonifazio, Palma, qui avait l'art de cacher son pinceau dans ses adorables têtes de Vierges inspirées par la beauté de sa fille, avant qu'elle eût rencontré Tiziano; le rude et doux Rocco Marconi; Brusasorci, le poëte épique qui avait pris une palette au lieu d'une plume; Pàris Bordone, plein de grâces et de sourires; le Pordenone, le robuste et le passionné, qui rivalisa avec Tiziano, le pinceau à la main et l'épée au côté.

C'est ensuite le groupe de Titien, le grand maître Nicolo di Stefano, Francesco, Orazio, Fabrizio, Cesare, Tomasso et Marco Vicelli; Tizianello et Girolamo di Tiziano, tous de la famille du roi des coloristes, font cercle autour de lui, ainsi que Bonifazio, l'*ombre de son corps*; Campagnola l'érudit; Callisto Piazza, qui signait ses tableaux Tiziano sans offenser personne.

Au troisième groupe on voit rayonner sur un fond d'outremer un peu cendré la figure aux teintes vineuses du véhément et délicat Tintoretto qui, chassé de l'atelier de Titien le jaloux, avait écrit sur le mur de sa pauvre chambre : *Le dessin de Michel-Ange et le coloris de Titien* Tintoretto, qui eût été un des plus grands peintres, « si dans beaucoup de ses tableaux il ne se fût trouvé indigne de Tintoretto. » Près de lui apparaît Dominico Tintoretto, qui suivit les traces de son père, « comme Ascagne suivit celles d'Énée ;» Maria Tintoretto, l'ange de la maison, qui fut belle par le cœur, par la figure et par le génie, la joie et la douleur de son père, qui avait souri à son berceau et qui pleura toutes ses larmes sur son tombeau.

Tout près de Tintoretto, saluez, dans cette clarté douteuse, mais d'un effet magique, cette arche de Noé où ce génie instinctif qui se nomme Bassano s'amuse comme un enfant avec tous les animaux antédiluviens. Il est entouré de ses quatre fils, tous marqués du même air de tête de Jacopo Appollonio et Jacopo Guadagnini, qui le rappellent de loin; d'Antonio Luzzarini, ce noble Vénitien qui le reproduisit jusqu'à l'illusion.

Voici le quatrième groupe, qui se détache sur un fond transparent devant un palais à sveltes colonnes, à portiques majestueux où l'on célèbre quelque pieux festin avec une magnificence toute païenne. Reconnaissez-vous ce grand seigneur de la peinture à son air de tête riant, à l'élégance de ses mouvements, à la splendeur théâtrale de son costume? C'est Paolo Véronèse; il s'appuie nonchalamment sur son frère Benedetto, le peintre des ornements et de la perspective; il entraîne à sa suite ses deux fils Carlo et Gabriele, qui ne furent que des enfants de grand homme; Parasio et del Friso, qui ont eu aussi une part d'héritage; enfin tous les imitateurs serviles.

Nous sommes au deuxième volet; nos yeux éblouis par tant d'éclat, tant de magie, tant de rayonnement, ne distinguent pas d'abord ces teintes grises étouffées par l'ombre. Cependant nous voyons apparaître Jocopo Palma le Jeune, le maître des maniéristes, celui-là qui fut le dernier du siècle d'or et le premier du siècle d'*alliage*, ce génie indécis qui allait de Raphaël à Véronèse, de Polydore à Tintoret, grand maître si les tableaux de ces quatre maîtres n'existaient plus. On voit aussi dans l'ombre se dessiner vaguement Boschini, qui peignait comme un matamore se bat; Corona le grandiose; Vicentino, le peintre historien de la république; Peranda, le poëte; Malombra, le portraitiste; le doux et gracieux Pilotto. Plus loin encore on aperçoit la secte des ténébreux qui vinrent au XVIIe siècle apporter à Venise le style de Cavaraggio, comme Triva, Saracini, Strozza, Berevensi, Ricchi. L'œil est attiré par un groupe qui rappelle au premier aspect le beau règne de la peinture vénitienne; c'est Contarino, Tiberio Tinelli, le lumineux et délicat Forabosco, Belloti, Carlo Ridolfi, Vecchia. Mais voilà que l'ombre se déchire comme la brume au soleil levant: quelle est cette figure radieuse? N'est-ce pas encore Titien ou Véronèse? C'est Varotari le Padouan. Quelle grâce et quelle énergie! Quel amour du beau romanesque! Ah! si l'Arioste était là! Les femmes de Titien et de Véronèse n'ont pas cette élégance héroïque et cette fraîcheur saisissante. Il est entouré de ses élèves Scaliger, Rossi et Carpioni; il laisse un peu de place à Liberi, le plus savant des peintres vénitiens; au farouche et puissant Piazzetta, qui étincelle dans l'ombre; à Canaletto, le paysagiste de ce pays où il n'y a pas un coin de terre; à l'impétueux et souriant Tiepolo, qui fut le dernier Vénitien, — parce que la

Rosalba qui vint après lui, était une femme.

Que de figures dignes de mémoire j'ai noyées dans le lointain nuageux de ce tableau ! Et pourtant j'ai entassé Pélion sur Ossa, confusion sur confusion. La renommée est une vieille paresseuse qui se contente de prononcer çà et là un beau nom et qui redit toujours le même. Que de poëtes et d'artistes qui ont le génie et qui n'ont pas la gloire ! Ce sont après tout les plus riches, car on ne saisit pas la gloire et on puise à pleines mains dans le génie.

Peut-être, au lieu d'esquisser un tableau, j'aurais dû imiter ce fou de Boschini qui, dans un poëme burlesque, trace *une carte de navigation pittoresque*, *dialogue entre un sénateur vénitien et un professeur de peinture sous les noms* d'EXCELLENCE *et de* COMPÈRE, *divisé en huit vents au moyen desquels le vaisseau de Venise est conduit dans la haute mer de la peinture, où il domine en maître à la confusion de ceux qui ne connaissent pas la boussole*. On voit qu'il y avait des Scudéry à Venise. La carte de navigation pittoresque ne vaut-elle pas la carte du Tendre ?

Ah ! si j'avais eu à ma disposition cette géographie de la peinture vénitienne avec un vaisseau de la république pour voguer en pleine mer du génie ! Comme j'aurais découvert l'île de Giorgione toute peuplée de palais mauresques avec des pelouses d'amoureux chantant, au murmure des fontaines de marbre, les vers héroïques de l'Arioste ! Et l'île de Titien avec Vénus endormie sur des roses ou Violante qui agrafe son corsage devant un miroir de Murano que soutiennent des amours! Et l'île de Véronèse où l'eau est changée en vin pour enivrer ces gais convives, nés pour les festins et les galantes aventures! Et toutes ces îles où règnent Bellini et Tintoretto, Sébastien del Piombo ou Palma le Vieux, Bassano ou Varotari, enfin tous les vrais rois de l'Adriatique.

IX.

L'ACADÉMIE DES BEAUX-ARTS.

Les peintres vénitiens n'ont pas regardé dans la vie avec les yeux de l'âme; ils n'ont pas ouvert les portes d'or de l'invisible et de l'infini ; ils se sont contentés de sourire au monde périssable sans pressentir le monde immortel. Ils ont cueilli la fleur de la vie sans s'apercevoir que dans le calice il y avait une larme du ciel. Qu'il y a loin des rêveries amoureuses du Corrége aux nymphes charnelles de Titien ! avec Corrége, la volupté est toute en flammes, mais elle a des ailes ; avec Titien, c'est une femme couchée qui entr'ouvre un rideau.

Venise n'a jamais ressenti les inquiétudes de la pensée ; elle a aimé Dieu sans s'élever jusqu'à lui ; elle s'est enivrée de la beauté rayonnante de ses femmes et des grappes dorées de la Lombardie. La mer, qui lui apportait, comme une esclave à jamais docile, tous les trésors de l'Asie, tout le luxe et tout l'esprit de l'Europe, la mer, aux heures de tempête ou de calme, ne lui a jamais apporté les solennelles méditations qui font les rêveurs et les poëtes. Venise n'a lu, pour ainsi dire, que le roman de la vie; elle écoutait les folles chansons du banquet quand la philosophie lui voulait enseigner ses tristes vérités, ou bien elle attirait la philosophie au banquet, et lui versait, par la main d'une belle fille aux seins nus, le meilleur vin de Chypre qui eût voyagé sur la mer.

Ces réflexions me vinrent dès que j'eus franchi le seuil de l'Académie.

Il y a aussi à Venise une Académie des beaux-arts; mais celle-là ne fait pas de tort aux vivants et rend un culte aux morts. Cicognara, le fondateur, a surtout voulu qu'elle fût le refuge de tous les chefs-d'œuvre épars dans les églises, les palais et les couvents en ruines. C'est Cicognara qui a découvert l'Assomption, un chef-d'œuvre du Titien enfoui durant des siècles dans l'église des Frari sous une couche de poussière qui le masquait même aux yeux des peintres. Je n'essayerai pas de décrire l'effet de ce tableau, qui a recouvré sa virginale fraîcheur. C'est tout Titien. Michel-Ange et Rubens seraient seuls dignes de louer cette composition grandiose et ce coloris éclatant.

L'Académie renferme plus d'un chef-d'œuvre. Toute l'école vénitienne est là qui rayonne avec les noms des maîtres primitifs et des maîtres souverains.

Venise a eu peu de sculpteurs parmi les mosaïstes et les peintres. Cependant l'Académie renferme quelques marbres et quelques bronzes, bas-reliefs et statues de sculpteurs vénitiens, ainsi le bas-relief daté de 1345 représentant en marbre doré la Vierge et l'enfant Jésus, si simple et si expressif. Le ciseau de Canova est exposé au-dessous d'une urne de porphyre qui contient sa main. Canova est venu le dernier comme pour faire un mausolée en marbre blanc à la mère-patrie des artistes-dieux.

Canova avait voulu élever un tombeau à Titien dans l'église des Frari, en 1794; il avait publié le projet de ce monument, mais vint la chute de la république, et Titien fut abandonné dans son coin obscur. Le projet de Canova servit à son propre tombeau dans la même église. C'est une large pyramide en marbre de Carrare avec cette inscription : *Ex consolatione Europæ universæ.*

Aujourd'hui enfin on taille le marbre du tombeau du Titien, mais on oublie Paul Véronèse dans Saint-Sébastien, où l'araignée file silencieusement sa toile sur les chefs-d'œuvre délaissés et détruits du grand coloriste : l'histoire d'Esther et de Mardochée. J'ai passé tout seul une après-midi devant ce tombeau éloquent et devant ces peintures radieuses. Il m'a pris peu à peu une profonde tristesse à la pensée qu'il était là, seul, dans la double nuit de la tombe, celui qui avait vécu en si bruyante et si joyeuse compagnie, celui qui avait si longtemps dérobé au soleil ses rayons et sa gaieté.

La tombe s'est aussi ouverte à Venise pour Sanzovino et pour Arétin. Sanzovino, le grand artiste si tourmenté et si voyageur durant sa vie, n'a pas eu de repos à sa mort. Sa dépouille a erré d'une église à une autre. Arétin n'a plus de sépulture. Il fut enterré à Saint-Luc, où se retrouve son portrait peint par Alvise dal Friso; mais si la tombe a disparu, son nom impie retentit encore dans l'église par la bouche des prêtres qui se sont transmis ses dernières paroles après l'extrême-onction. Il mourut, selon eux, en disant ce vers :

Guardate mi da' topi, or che son unto.

Cependant j'avais lu qu'Arétin était mort en éclatant de rire au récit des aventures de ses sœurs, courtisanes vénitiennes qui vendaient l'amour comme il vendait l'éloge.

J'ai pieusement visité toutes les églises de Venise pour y saluer Dieu, mais surtout pour y retrouver l'ombre des grands artistes flottant devant leurs tableaux ou sur leurs mausolées. J'ai conversé longtemps avec Palladio dans son église du Rédempteur, le soir, pendant que les capucins faisaient leur prière. Sanzovino m'apparaissait partout et m'initiait aux beautés de cette architecture étrange faite pour Venise et impossible ailleurs.

X.

LA JEUNE FILLE QUI SE NOURRIT DE ROSES.

Les peintres vénitiens ne sont pas venus jusqu'à nous dans leur postérité, hormis un seul, André Schiavoni, dont j'ai visité les arrière-petits-fils. Déjà, à propos d'une exposition de peinture à Amsterdam, j'ai nommé les Schiavoni modernes de Venise qui ont conservé la religion du coloris et la passion des airs de tête voluptueux. Le vieux Schiavoni avait plus de génie, mais non plus d'amour dans le pinceau.

Un matin, de bonne heure, j'étais en route sur le grand canal, voulant visiter dans la journée la plupart des palais dont la façade séduit les yeux depuis Saint-Marc jusqu'au Rialto. Mon gondolier s'arrêta tout à coup devant un palais de style moresque en me disant d'un air entendu :

— Une belle galerie, une belle femme, une belle fille!

Cela valait bien la peine de s'arrêter un peu. Il sonna. Après trois à quatre minutes, une vieille vint ouvrir qui me fit signe de la suivre. L'entrée en matière manquait de splendeur. La porte et l'escalier ne rappelaient nullement un ancien palais de Venise tout chargé d'or et de marbre. La vieille me fit passer dans une espèce d'antichambre tapissée de tableaux fraîchement peints dans un style doucereux, des tableaux de pacotille pour la Russie, contrée de *l'art poli*. Jusque-là, je m'imaginai que mon gondolier avait voulu s'amuser avec sa belle galerie, sa belle femme et sa belle fille. Je voulais rebrousser chemin, sous prétexte que je m'étais trompé de porte; mais, comme je songeais à battre en retraite, je vis s'ouvrir une vraie galerie peuplée de quelques mauvais marbres de la renaissance, des bustes sans nez et sans oreilles, comme des antiques consacrés.

J'entrais dans cette galerie d'un pied de plus en plus défiant, quand une nouvelle figure se montra à l'horizon. C'était le maître du logis, un homme déjà vieux, type vénitien déprimé par le costume moderne. Il vint à moi et m'ouvrit enfin un cabinet très curieux à étudier. Au premier aspect, je fus ébloui comme si j'étais entré chez le soleil en personne. J'étais chez les enfants du soleil : Giorgione, Bellini, Titien, Véronèse, Tintoret répandaient là tout leur rayonnement, jamais on n'avait réuni de plus éclatant mirage. C'était Ève, nue pour la première fois, parce qu'elle cachait sa nudité; c'était Madeleine repentante, avec toute la splendeur de Madeleine pécheresse; c'était Vénus au sein de neige, Diane au pied d'argent; c'étaient tous les symboles amoureux des poëtes et des religions. Le dirai-je ? je crus vaguement d'abord entrer dans un harem, — ce qui m'a prouvé la faillibilité, — d'autres diront l'infaillibilité, — du génie vénitien.

Tous ces tableaux amoureux ne me représentaient ni Ève, ni Madeleine; — la science avec toutes ses misères, le repentir avec ses amères voluptés; ni Vénus, ni Diane; — Vénus, la fête du cœur; Diane, l'amoureuse qui triomphe de l'amour. Je ne voyais que des femmes, des femmes à la surface. Le symbole s'était évanoui sous l'éclat de la palette; j'étais ébloui, mais par les yeux seulement.

Ce qui me frappa d'abord, fut une jeune fille endormie dans *le Jardin des Roses*. Son amant veillait et protégeait son sommeil. Le Jardin des Roses est sur le bord de la Brenta. Ce groupe charmant me rappela vaguement les Boucher, mais c'était une vive peinture, beaucoup plus ancienne, dont l'éclat était tempéré par une certaine mélancolie étrangère au talent de Boucher, talent où la main tenait toute la place sans s'inquiéter des battements du cœur. Quoique l'accent des figures fût un peu rustique, on découvrait une vraie distinction dans ces deux charmantes expressions. C'étaient des paysans ou des grands seigneurs déguisés en paysans. Quoique le sommeil fermât les yeux à la jeune fille, on devinait qu'elle avait les plus beaux yeux du monde. Un léger sourire dorait ses lèvres, comme si un songe d'amour y passait avec le baiser idéal de son amant.

Parmi toutes ces fraîches et luxuriantes apparitions, j'avais encore remarqué une créature origiuale qui n'avait pas la prétention de rappeler une figure consacrée. C'était une œuvre du vieux Schiavoni, œuvre de cœur où le peintre se laisse aller au génie, sans y penser, un jour de bonne fortune pour la palette. Qu'on se figure une jeune fille d'une fraîcheur féerique devant une table chargée de roses. C'est l'heure de son repas : elle mange des fleurs. Aussi a-t-elle, selon l'expression d'un ancien, les joues nourries de roses. Voilà une idée toute poétique, une idée de rêveur allemand. Je suis convaincu que Schiavoni a créé cette belle mangeuse de fleurs sans songer qu'il y eût là un sujet de sonnet pour un poëte. Le sonnet existe. Vous ne devineriez jamais qui l'a rimé ? C'est ce coquin de Le Pays, dans ses *Amitiés, Amours et Amourettes* :

A IRIS, QUI MANGEAIT ORDINAIREMENT DES FLEURS.

Ie ris de vostre goût, je vous jure ma foy ;
Hé quoy ! manger des fleurs, c'est faire bône chere ;
Ah ! vrayment vos repas ne vous coûteront guerre,
Quoi que vous les nommiez de vrais repas de roy.

Un cuisinier chez vous n'aura jamais d'employ,
Vous pouvez au jardin faire votre ordinaire ;
Mais cessons de railler sur semblable matière,
Quittez cette habitude, Iris, et croyez-moy.

Car quand l'hiver viendra faire sentir sa rage,
Qu'on ne verra les fleurs que sur votre visage,
Que la rigueur du temps n'osetoit outrager,

Que ferez-vous, Iris, dans ce malheur extrême,
Si, faute d'autres fleurs que vous puissiez manger,
Vous vous trouvez réduite à vous manger vous-même?

Le Pays était un Vénitien, sinon pour la couleur, du moins pour le concetti. Au lieu d'un tel poëte, pourquoi Schiavoni n'a-t-il pas eu un Rosegarten ou un Bürger pour expliquer cette œuvre charmante ?

— Vous aimez ce tableau ? me demanda le maître du logis.

— Beaucoup, lui dis-je; il y a dans cet air de tête je ne sais quelle volupté idéale qui me va jusqu'au cœur. J'ai déjà vu cette belle créature dans mes visions de vingt ans. Elle habite les régions dorées de quelque paradis de Mahomet.

— Eh bien! monsieur, cette belle mangeuse de fleurs, peinte il y aura bientôt trois siècles par mon trisaïeul, — car je suis un Schiavoni (je m'inclinai devant la postérité de Schiavoni), — je vais vous en montrer une copie saisissante.

— Vous êtes vous-même peintre, monsieur ?

— Oui, monsieur; la copie dont je vous parlais est une de mes œuvres les moins mauvaises, vous allez en juger.

M. Schiavoni rappela la vieille, qui s'était éloignée, et lui parla en italien de Venise. Je ne compris pas un mot. Je regardai alors avec quelque curiosité ce descendant du vieux peintre, qui conserve après trois siècles le génie traditionnel du coloris.

— Voilà, dit-il tout à coup.

Il indiqua du doigt une belle fille de vingt ans qui arrivait toute souriante sur le seuil du cabinet.

Elle était vêtue sans recherche, avec abandon, comptant trop sur sa figure, sur son cou fier et nonchalant, sur ses épaules de marbre, pour ne pas dédaigner les ressources du costume. Ses cheveux bruns à reflets dorés étaient à peine retenus par le peigne. C'était une si abondante chevelure que Madeleine pécheresse s'en serait fait un vêtement, en ses jours de profanes souvenirs, pour cacher aux vents de la solitude les flammes du passé.

— Eh bien, monsieur, me dit le père, ne trouvez-vous pas la copie digne de l'original ?

J'étais confondu par la ressemblance : le même dessin, la même expression, le même éclat.

— Monsieur Schiavoni, je crois que vous surpassez le célèbre Schiavoni ; je ne donnerais pas vos œuvres pour les siennes, ou plutôt je donnerais l'original pour la copie. Ce prodige peut-il donc s'expliquer ?

— Tout ce que je puis vous dire, c'est que cette figure, peinte suivant la tradition, est le portrait de ma grand'mère (ma grand'mère du seizième siècle) ; mais je vous raconterai tout à l'heure cette histoire.

Je dis quelques mots à la jeune fille, une bêtise, comme, par exemple : Vous êtes aussi une mangeuse de fleurs ; votre esprit déjeune d'une chimère et votre âme d'une illusion. Elle répondit par un adorable mouvement de cou et de lèvres, elle s'inclina avec une grâce exquise et s'éloigna vers l'escalier. Nous revînmes devant le tableau, et M. Schiavoni parla ainsi :

LE DERNIER SOUPER DE GIACINTA.

« Voici l'histoire de Schiavoni et de Giacinta, un pauvre peintre et une belle fille.

« Il commença par être peintre d'enseignes. Il était né à Sebenigo, en Dalmatie. Il vint de bonne heure à Venise, où nul peintre alors célèbre ne daigna lui servir de maître.

« Cependant Titien le rencontra un jour qu'il allait, ses tableaux à la main, les offrir à un marchand. Le grand peintre fut surpris de la touche originale de Schiavoni. — Qui donc t'a enseigné ces tons transparents et ces belles attitudes? — Je ne sais pas. — Pourquoi cette pâleur ? — J'ai faim.

« Titien prit la main de Schiavoni et l'emmena à la bibliothèque de Saint-Marc : — Voilà de quoi gagner ton pain.

« Schiavoni peignit trois ronds près du campanile : des cavaliers sabrant leurs ennemis ; un évêque qui assiste des pauvres ; un roi qui distribue des récompenses à ses soldats.

« Mais après quelques jours de repos, il retomba en pleine misère ; il n'avait travaillé que pour payer ses dettes et passer gaiement le carnaval. Il ne rencontra plus Titien, il n'osa plus aller à lui.

« Il se consolait dans l'amour d'une belle fille

qu'il avait vue un soir pleurant sur le Rialto. — Pourquoi pleurez-vous? — Mon père est embarqué et ma mère est morte. — Venez avec moi, car moi aussi je pleure et comme vous je suis seul.

« Elle le suivit. Elle lui donna sa beauté, il lui donna son cœur. Mais Dieu sans doute ne bénit pas ces fiançailles.

« Pourtant ils espérèrent. Lui, le grand peintre, il avait fait de son art un métier; il peignait des enseignes ou des copies. Ils habitaient une petite maison non loin des palais Barbarigo et Foscari. La nuit ils entendaient chanter les joies de la vie; ils ne pouvaient s'endormir, parce qu'ils avaient faim.

« Giacinta n'avait pas faim pour elle, mais pour ses enfants. Tous les ans, elle avait un enfant de plus, — et huit années déjà s'étaient écoulées depuis la rencontre sur le Rialto. — La Providence a de cruelles ironies.

« Les Pères de Sainte-Croix vinrent un jour commander une Visitation à Schiavoni : il se mit au travail, en croyant que les mauvais jours allaient finir pour sa chère Giacinta. Le tableau achevé, ce fut une fête dans l'église. Venise tout entière vint apporter des fleurs devant la madone.

« Le peintre demeura en l'église jusqu'à la nuit. Quand tous les fidèles se furent retirés, il s'approcha des Pères de Sainte-Croix, et leur demanda un peu d'argent. — Nous n'en avons pas; emportez des fleurs, comme un tribut à votre génie.

« Schiavoni saisit avec désespoir deux bouquets

de roses et s'enfuit comme un fou. Giacinta était à sa rencontre avec ses huit petits enfants sur le seuil de la porte. — Des bouquets de roses! dit-elle avec son divin sourire. — Oui, voilà quelle est la monnaie des Pères de Sainte-Croix! dit Schiavoni en jetant avec fureur les roses aux pieds de sa maîtresse.

« Elle pâlit et ramassa les roses. — Je vais servir le souper, dit-elle; amuse un peu ces pauvres petits.

« Schiavoni appela les enfants dans son atelier. Pauvre nichée affamée qui criait misère par tous ses becs roses! Quand il reparut, la table était mise; tous les enfants prirent leur place accoutumée.

« Dès que Schiavoni se fut assis, Giacinta lui servit sur deux plats d'étain les bouquets de roses effeuillées.

« Ce fut le dernier souper de Giacinta.

« Schiavoni tenta de vaincre sa mauvaise destinée par le travail, par la prière, par le génie. Il mourut à la peine.

« Cette belle fille, qui se nourrit de roses, c'est le portrait de la pauvre Giacinta. Sans doute, Schiavoni le peignit de souvenir en versant toutes les larmes de son cœur. N'est-ce pas que les roses sont tristes à voir, quand on pense à ce souper où il n'y avait pas une miette de pain? »

« Hélas! reprit M. Schiavoni après un silence, moi, je n'ai pas de génie, et j'habite un palais! Des deux Schiavoni, quel est le plus pauvre? »

M. Schiavoni essuya une larme.

J'étais tristement incliné devant Giacinta. Je découvrais peu à peu sous son sourire ineffable toutes les angoisses qui l'avaient conduite à la tombe. — Giacinta! Giacinta! murmurai-je. Moi-même je sentis une larme dans mes yeux. J'aurais voulu presser sur mon cœur cette belle créature si injustement frappée.

J'entendis un bruit de pas, je me retournai tout au sentiment qui avait saisi mon âme. C'était encore Giacinta ou plutôt c'était mademoiselle Schiavoni qui venait avertir son père d'une visite du consul de Russie.

— Giacinta! Giacinta! lui dis-je en lui prenant la main et en lui baisant le front, — ah! si vous viviez, comme je vous aimerais!

M. Schiavoni habite l'ancien palais Justinien, qui touche au fameux palais des Foscari. Étrange jeu des destinées! il y a deux cent cinquante ans, les Foscari étaient les rois de la république, et Schiavoni mourait de faim à l'ombre de leur palais; aujourd'hui, les descendants de Schiavoni ont un palais, et les Foscari n'osent plus regarder celui de leurs ancêtres. L'an passé, il existait encore quatre Foscari à Venise. L'un des quatre est mort comme le vieux Schiavoni « sans laisser de quoi se faire enterrer. » On a quêté dans les églises de l'ancienne république pour lui faire des funérailles dignes de son nom. Il reste trois Foscari : le premier vit obscurément dans un coin avec trois cent soixante-cinq zwanziger de revenu (dix-sept sous par jour!); le second est facteur de la poste aux lettres, — un Foscari! — le troisième est bouffon dans un petit théâtre. — J'aime mieux cela. Il brave la fortune en riant.

Le bouffon, c'est le seul qui se souvienne des doges ses aïeux.

Le tableau le plus vivant de la galerie Schiavoni, c'est un *Adam et Ève* du Tintoret, d'une lumière et d'une fraîcheur éblouissantes. Ève rappelle un peu celle de Lucas de Leyde et celle d'Albrecht Dürer, ces païens du nord qui ont créé la femme pour les yeux plutôt que pour le cœur.

M. Schiavoni a un fils qui est peintre, comme l'ont été tous les Schiavoni depuis près de trois siècles. Celui-ci n'a pas la touche hardie de son père; l'amour des grands seigneurs tartares pour l'*art poli* l'a presque à jamais perdu; il peint des Vierges en porcelaine, contenant son pinceau comme un cavalier timoré contient son cheval. C'est d'ailleurs un homme d'esprit qui travaille pour la fortune, ne voulant pas de la gloire du vieux Schiavoni à la condition de souper avec des roses, — même en compagnie de Giacinta. — Il excelle à faire des tableaux de Bellini et même de Giorgione, où il ne manque guère que leur signature. Comme je paraissais très amoureux des œuvres de ces deux grands peintres, il m'a promis de me faire en quelques jours une Vierge de l'un et une courtisane de l'autre. C'est surtout à Venise que l'art de contrefaire les vieux peintres est à son plus haut point. Il y a des ateliers modernes sous par jour!); le second est facteur de la poste aux lettres, — un Foscari! — le troisième est bouffon dans un petit théâtre. — J'aime mieux cela. Il brave la fortune en riant.

Le bouffon, c'est le seul qui se souvienne des doges ses aïeux.

Le tableau le plus vivant de la galerie Schiavoni, c'est un *Adam et Ève* du Tintoret, d'une lumière

M. Noel Schiavoni a envoyé deux tableaux à l'exposition universelle de 1855, à Paris; voici la copie de l'art. qui lui a été consacré dans le livret:

« Schiavoni (Natale), né à Chioggia, province de Venise, campiello degli Scuillini, palazzo Giustinian.

2220. – Venus au bain.

2221 – Les trois vénitiennes. »

—

(Explication des ouvrages de peinture, sculpture ... 3e éd. (av. supplém.), p. 600.)

roses, — même en compagnie de Giacinta. — Il excelle à faire des tableaux de Bellini et même de Giorgione, où il ne manque guère que leur signature. Comme je paraissais très amoureux des œuvres de ces deux grands peintres, il m'a promis de me faire en quelques jours une Vierge de l'un et une courtisane de l'autre. C'est surtout à Venise que l'art de contrefaire les vieux peintres est à son plus haut point. Il y a des ateliers modernes d'où il n'est jamais sorti un original. La Russie emporte tous les ans cent Titien, cinquante Giorgione, cent Véronèse, cinquante Bellini de contrebande. En arrivant à Venise, on salue partout les peintres du siècle d'or; mais bientôt, harcelé par les copies, on ne veut plus les reconnaître, même dans leurs œuvres.

M. Schiavoni me demanda d'un air distrait s'il y avait encore en France des peintres dignes de renommée. Vanité des vanités! Je ne savais que lui répondre; j'avais envie de lui vanter M. Bidault et M. Pingret. Je lui répondis gravement par M. Delacroix et par M. Ingres. Il me pria de lui dire s'ils faisaient la figure ou le paysage.

— J'ai eu quelquefois, poursuivit-il, le désir d'envoyer mes tableaux aux expositions de Paris; mais, après tout, à quoi bon rechercher une gloire si lointaine?

Cet homme avait raison : les conquêtes du génie ne sont pas comme les conquêtes de la guerre, elles ne veulent pas se perdre dans l'espace; il ne leur faut qu'un peu de place au soleil. Que de poëtes et que de peintres qui n'écrivent leurs poëmes qu'en vue d'un petit nombre d'esprits élevés, dédaignant les acclamations de la foule! — la foule qui se tromperait toujours, si elle n'était çà et là entraînée dans son enthousiasme vagabond par l'enthousiasme consacrant des rois de la pensée.

M. Schiavoni me parla avec chagrin de la difficulté d'avoir des modèles : se donner corps et âme au premier gondolier venu, c'est admis parmi les filles du peuple ; mais se dévoiler la gorge, ou l'épaule, ou la jambe, dans un atelier, voilà ce qui indigne les courtisanes vénitiennes. Elles veulent bien que l'amour arrache son bandeau pour les voir à loisir ; mais elles craignent la concupiscence des yeux, comme disait saint Paul. Elles qui ne rougissent jamais, elles rougiraient de se déshabiller gravement pour poser en Diane chasseresse, en Madeleine repentie ou en Nymphe bocagère. On ne parvient à faire poser une Vénitienne qu'après lui avoir fait une déclaration galante. La passion, c'est le feu de joie qui purifie les ténébreuses vapeurs de la volupté.

M. Schiavoni me pria d'aller le revoir ; il me promit de venir me voir à Paris. Promesses de voyage ! On se donne cœur et âme pendant une heure ; — une heure après, on s'est presque oublié. Je ne trouvai pas curieux d'aller revoir M. Schiavoni : j'avais lu son livre jusqu'au bout ; sans doute, s'il vient à Paris, il n'aura pas le temps de m'ôter son chapeau dans la rue, et j'en serai bien aise.

XI.

UNE DANSEUSE OUBLIÉE.

J'ai rencontré mademoiselle *** dans l'ancien palais Grimani, à la poste aux lettres. Ce n'était plus cette charmante vision détachée du ciel de l'Opéra, cette femme qui semblait se souvenir, quand elle dansait, d'un temps où elle avait des ailes. Jeunesse! jeunesse! pourquoi les fuis-tu comme les autres celles qui se sont abreuvées à ta coupe d'or, celles qui ont vécu de toutes les poésies, celles qui ont répandu d'une main distraite toutes les fleurs odorantes de l'amour! Mademoiselle *** n'est plus cette exquise Bohémienne de l'art des Camargo, s'élevant par la grâce à la hauteur de la fantaisie; c'est une citoyenne qui paye beaucoup de contributions, qui gouverne ses terres et ses maisons, je veux dire ses palais : elle en a trois ou quatre à Venise, c'est-à-dire la valeur d'une maison dans la rue Saint-Denis.

Ce jour-là, mademoiselle *** était devant le bureau de la poste aux lettres attendant son tour comme la première mortelle venue, elle qui a été déesse et sylphide! — J'attendais aussi et j'avançais avec elle derrière la foule.

Elle se présenta, — à son tour, — et murmura d'un air quelque peu mystérieux et embarrassé : *Marie* ***.

Vanité des vanités! L'homme de la poste restante ne connaissait pas ce nom glorieux. Pendant qu'il cherchait à la lettre T, elle le suivait des yeux et voulait lire avant lui. Toute son âme était dans la lettre qu'elle allait recevoir. Qu'allait-il donc lui dire? — Qu'il l'aimait toujours. — Cela se dit encore. — Qu'il la suivrait au bout du monde. — Cela ne se dit plus.

Cependant il n'y avait plus à espérer que sur trois ou quatre lettres. L'homme du bureau allait plus lentement, comme s'il eût deviné les angoisses de celle qui attendait. Elle appuyait sa main fraîchement gantée avec un mouvement d'impatience sur le rebord de la fenêtre. (En Italie, tout se fait dans la rue ou à la fenêtre).

— *Niente*, dit tout à coup l'homme du bureau.

Ce mot frappa le cœur de la danseuse comme un coup de poignard. Elle se détacha lentement de la fenêtre sans bien savoir où aller. Ah! pauvre fée qui avez perdu la baguette d'or des enchantements, il y a dix ans ce n'était pas vous qui attendiez une lettre; on venge aujourd'hui tous ceux que vous avez fait attendre; c'est là l'histoire de toutes les amours.

Dans la vallée humaine, la voix de l'homme

qui appelle la femme est d'abord sans écho :

Sarah!

Sarah!!

Sarah!!!

A force d'être adorée, quelque déesse qu'on soit, on finit par ouvrir les yeux et par répondre comme l'écho :

Sarah!

Ah!

Enfin, la voix qui appelait avec tant d'âme s'éteint peu à peu; on n'entend plus que l'écho attristé coupant le morne silence, un cri de douleur, le cri du délaissement :

Ah!

Ah!!

Ah!!!

Oui, voilà comme on les retrouve toutes ces déesses qui ont dansé sous le ciel de l'Opéra.

XII.

DU DANGER DE DINER A VENISE.

J'ai oublié de vous dire comment on dîne à Venise. Le jour de notre arrivée, nous cherchâmes bien longtemps une table hospitalière.

— Je suis sérieusement inquiet, me dit mon philosophe allemand, car je commence à croire qu'on vit à Venise comme on s'y habille, — de l'air du temps.

Nous allions d'un canal à un autre, plongeant un regard avide dans toutes les maisons. Tout le monde à Venise est marchand de pain et de fruits; mais, quelque dorés que soient les croûtes de maïs ou les raisins muscats, nous n'avions aucun goût pour ce régal bucolique. En voyage, on est Anglais, — pour la faim. Nous avions passé cinquante ponts; nous étions allés du palais ducal au Rialto, du Rialto à l'arsenal, quand la Providence, qui n'abandonne jamais les hommes de bonne volonté, offrit à nos regards une affiche miraculeuse où étaient imprimés ces mots éloquents : *Pierre Marseille, restaurateur.* Nous fûmes bientôt au palais de Pierre Marseille.

On nous servit deux beefsteak, quatre côtelettes, deux poulets et deux bouteilles de vin de Chypre. Je ne compte pas les entremets ni le dessert, ni la bonne humeur des gamins qui nous servaient.

— Voyagez-vous en philosophe et en artiste? me dit mon compagnon.

— Je voyage, lui dis-je, sans parti pris. Pourquoi cette question?

— C'est parce que ce dîner sera terminé par une monstrueuse addition.

L'addition vint : Pierre Marseille n'a ni plume ni encre; ses *piccoli* font l'addition tout haut. Ils nous demandèrent quatre zwanziger (3 francs 8 sous) pour tous les deux. Nous nous promîmes bien de n'y jamais retourner, — *car* deux beefsteak, quatre côtelettes, deux poulets, deux bouteilles de vin de Chypre pour 3 francs 8 sous! — c'est moins que rien, et j'ai coutume de payer mon dîner.

— Est-ce qu'on dîne quelquefois ici? demandai-je à un *piccolissimo* qui nous avait apporté une nichée de chats pour nous récréer.

— Si, signor.

— Que voulez-vous? dis-je à mon philosophe, d'autres y ont dîné avant nous.

XIII.

UN POINT DÉLICAT.

Nous allâmes prendre des granits au café Florian, un café déjà célèbre sous la république, où tout le beau monde de Venise s'arrête encore le soir dans la fumée des cigares et dans la curiosité des étrangers.

C'est au café Florian qu'un soir Montesquieu rencontra Law avec son fameux diamant et ses folles utopies. « Pourquoi, lui demanda le président, n'avez-vous pas essayé, vous, le donneur de millions, à vaincre la résistance du parlement? — Parce que si les Français, répondit Law, ne sont pas d'aussi grands génies que mes compatriotes, ils sont (jusqu'à présent) beaucoup plus incorruptibles. » Que dites-vous de cette parenthèse de Law? Montesquieu part de là pour déclarer que la nature des gouvernements fait les vertus ou les vices des nations. « Un corps qui est libre pour quelques instants seulement doit mieux résister à la corruption que celui qui est toujours libre; le premier en vendant sa liberté la perd; le second ne fait que la prêter et l'énerve en l'engageant. » Venise a inspiré cette autre réflexion à Montesquieu : « J'ai vu les galères de Venise, je n'y ai pas vu un seul homme triste. Cherchez donc à vous mettre au cou un grand cordon pour être heureux ! »

On nous avait servis en pleine place Saint-Marc, entre un Turc rêveur et une famille vénitienne. Cette famille était composée d'une mère, de deux filles et d'un mari ou fiancé. Je vais soumettre un point délicat au tribunal du public. Le mari, — c'était décidément un mari, — fumait nonchalamment, répondant çà et là aux questions des deux sœurs, qui étaient venues surtout pour manger des fruits glacés.

Tout d'un coup le mari secoue son cigare, quelques miettes de feu vont tomber tout droit sur le corsage orgueilleux de sa femme (le feu s'était arrêté sur la montagne). Elle se lève avec effroi, le mari ne comprend pas, je me précipite — et j'éteins le feu. —

Cette fois, le mari se lève et me parle en mauvais français, je lui réponds en mauvais italien ; nous parvenons à ne pas nous entendre.

Il parle plus haut, je monte à son diapason, sa femme lui explique mon mouvement « bien naturel ; » car, enfin, était-il « plus convenable de me laisser brûler vive ? »

C'était une comédie des plus vénitiennes : tout le monde nous regardait, tout le monde riait, surtout la jeune sœur. Il n'y avait que mon philosophe allemand qui conservât sa gravité mélancolique.

A la fin, il se lève pour apaiser cet Othello improvisé. Son sérieux était plus comique encore que la situation. — Signor...

Le mari « outragé » éclata de rire et ralluma son cigare.

Je commence à m'apercevoir qu'il me faudra parler italien à Venise. Quel italien vais-je parler avec tous ces Russes et tous ces Anglais? Ovide était obligé de parler comme les Scythes pour se faire comprendre; Racine, voyageant en Languedoc, disait : « Je suis en danger d'oublier le peu de français que je sais. » Moi j'ai beau faire, je ne puis m'empêcher de parler français.

Racine donnait çà et là dans le concetti; voyez plutôt ces vers écrits pendant son voyage :

> La nuit a déployé ses voiles;
> La lune au visage changeant
> Paraît sur un trône d'argent
> Et tient cercle avec les étoiles.

C'est de l'hôtel Rambouillet tout pur. Quand les grands poëtes veulent devenir de petits poëtes, ils font comme Hercule filant aux pieds d'Omphale, ils brisent leur fuseau.

Le pays de Goldoni aime le théâtre. La Fenice rivalise avec la Scala et San Carlo. Toutefois, Milan et Naples l'emportent parce qu'il y a plus d'argent dans ces deux villes toujours vivantes. Il m'a semblé plus d'une fois assister aux théâtres de Venise, à des représentations données par des ombres, à un rêveur demeuré par hasard debout sur les ruines du monde. Il m'est arrivé, un jour que le vrai spectacle se donnait sur l'eau, de me trouver à peu près seul à la comédie. Je suis sorti en secouant les linceuls des siècles morts.

Pour le carnaval de Venise, figurez-vous une procession de spectres qui chantent un *De profundis* sur tout ce qui fut beau et amoureux à Venise, quand Venise était la reine du monde.

XIV.

VENISE IL Y A CENT ANS.

Il y a cent ans, Venise avait encore son doge et ses courtisanes, son carnaval et ses gondoliers; — Venise avait encore un peintre vivant, — une femme, il est vrai, — la dernière fleur, le dernier sourire de la peinture vénitienne, Rosalba, dont l'éclat magique fait presque pâlir les mirages de La Tour.

Il y a cent ans, le président de Brosses, y voyageant avec Sainte-Palaye, écrivait : « Il n'y a plus de peintres, mais il y a encore des peintures dans les palais de quoi combler l'Océan. Nous ne songeons jamais à déjeuner, Sainte-Palaye et moi, sans nous être au préalable mis quatre tableaux de Titien et deux plafonds de Véronèse sur la conscience. Pour ceux de Tintoret, il ne faut pas songer à les épuiser. Il fallait que cet homme-là eût *una furia da diavolo.* »

Déjà les idées sur les stylets vénitiens n'avaient plus cours que parmi les badauds de France et de Navarre. Jamais un duel, jamais un assassinat; à peine s'il tombait, trois ou quatre fois l'an, un bon chrétien dans la mer; et encore c'était, disait la veuve éplorée, un insensé qui avait bu du vin de Chypre, et qui était *tombé dans la rue*.

La jalousie vénitienne était aussi un paradoxe; on n'avait pas le temps d'être jaloux. D'ailleurs la communauté de biens était admise pour toute la famille jusqu'au trente-sixième degré : « Dès qu'une fille, entre nobles, est promise, dit le président, elle met un masque, et personne ne la voit plus que son futur ou ceux à qui il le permet, ce qui est fort rare. En se mariant, elle devient un meuble de communauté pour toute la famille; chose assez bien imaginée, puisque cela supprime l'embarras de la précaution, et que l'on est sûr d'avoir des héritiers du sang. C'est souvent l'apanage du cadet de porter le nom du mari; mais, outre cela, il est de règle qu'il y ait un amant; ce serait même une espèce de déshonneur à une femme, si elle n'avait pas un homme publiquement sur son compte. » Voilà pourquoi la noblesse de Venise, qui date du ve siècle, est venue jusqu'à nous sans interrègne; le mari pouvait se dispenser d'être présent; il lui arrivait quelquefois de faire un voyage sur les mers lointaines, pour le service de la république, sans que sa maison eût souffert de son absence; à son retour, il la retrouvait pleine de petits enfants. Il voulait douter d'abord que ces petits enfants fussent de lui; mais il n'y avait point à douter, le Livre d'Or de Venise avait enregistré les enfants à son nom.

Il y a cent ans, la galanterie, un peu fatiguée

des palais, s'était réfugiée dans les couvents. Les religieuses avaient tous les priviléges de la coquetterie : elles s'habillaient à peu près comme nos fameuses comédiennes qui jouaient des tragédies en paniers. Tout le monde vantait le charme de leur coiffure et la coupe profane de leur robe. On voyait la gorge et les épaules, mais à travers un voile. C'était d'ailleurs un acte d'humilité : elles abandonnaient sans doute aux pauvres l'étoffe supprimée au corsage. « Il y a, écrivait le très spirituel président, une furieuse brigue entre trois couvents de la ville, parce que chacun veut donner une maîtresse au nouveau nonce qui vient d'arriver. » Aujourd'hui il y a encore des religieuses, mais on ne voit plus ni gorges ni épaules.

Il y a cent ans, les gondoliers chantaient les vers du Tasse et de l'Arioste, parce qu'il y a cent ans ils conduisaient des amoureux dans leurs gondoles. Un noble ou patricien avait droit de haute justice dans l'étendue de son palais, mais la gondole était un asile sacré. « Il est inouï qu'un gondolier de madame se soit laissé gagner par monsieur; il serait noyé le lendemain par ses camarades. » C'était le voyage à Cythère de Watteau ; la volupté, née de la blanche écume de la mer, était indolemment bercée par la mer dans une gondole toute de velours, de soie et d'or. Aujourd'hui, on retrouve les mêmes gondoles sveltes, élancées, courant sur l'eau comme les requins, mais on ne sait plus le chemin de l'île amoureuse.

Il y a cent ans, le carnaval durait six mois. Pendant six mois, doges, archevêques, seigneurs, prêtres, ambassadeurs ne pouvaient sortir de la ville sans avoir un masque à la main ou sur le nez; les bacchanales païennes envahissaient les palais, les églises et les couvents; tout le monde se donnait un peu au diable, ne fût-ce que pour avoir la joie ineffable de revenir à Dieu. Aujourd'hui, on ne se donne ni à Dieu ni au diable; il y a encore des masques, il n'y a plus de carnaval. Alors la passion faisait les courtisanes; aujourd'hui, c'est l'argent. Il y avait des théâtres où se révélait le génie vénitien par l'esprit et par la musique; il n'y a plus de génie national depuis que l'Autriche y a fait retentir sa musique, et que son esprit y court les rues.

Il y a cent ans, la place Saint-Marc était « pavée de courtisanes, » comme l'enfer est pavé de bonnes intentions : aujourd'hui, on n'y voit plus courir que des colombes. On rencontre des colombes à Venise comme on rencontre des chiens à Paris. On sait qu'aux anciens temps, le jour des Rameaux, il était d'usage de lâcher, « d'au-dessus du portail de Saint-Marc, une multitude de pigeons avec un petit rouleau de papier à la patte, ce qui les forçait à tomber après quelques instants de lutte. » Le peuple se ruait dessus et leur tordait le cou pour souper. C'était la poule au pot de Henri IV. Il arriva que chaque année trois ou quatre pigeons échappèrent à cette Saint-Barthélemy et se réfugièrent sur les Plombs du palais ducal, comme pour se consoler dans l'espoir avec les prisonniers. Ils se multiplièrent à l'infini. Le Conseil des Dix, attendri, rendit un décret portant qu'ils seraient nourris aux frais de la république. Aujourd'hui, il n'y a plus de prisonniers sous les Plombs, et les pigeons apprivoisés se promènent nonchalamment en manchettes sur la place Saint-Marc, comme des bourgeois endimanchés.

Il y a cent ans, c'était encore l'art et le luxe qui gouvernait à Venise. On se ruinait royalement pour dorer les lambris, les plafonds et les cadres de son palais. Vous ne devineriez pas ce que devenaient les bâtardes ou les orphelines abandonnées par leur famille à la sollicitude de la république. On avait bâti pour elles des hospices où elles n'avaient d'autres devoirs à remplir qu'à chanter la gloire de Dieu et la gloire de Venise. Aussi c'était dans ces hospices comme un perpétuel concert d'anges. Les séraphins du paradis de saint Pierre, les péris du paradis de Mahomet ne vous ont jamais, dans vos rêves, donné l'idée de cette radieuse musique. Elles étaient toutes belles, parce que le génie des arts couronnait leur front et rayonnait dans leurs yeux. Elles étaient vêtues de blanc, et portaient dans les cheveux un bouquet de grenades. Elles jouaient du violon, de la flûte, de l'orgue, du hautbois, du violoncelle. « Il n'y a, dit de Brosses, si gros instrument qui puisse leur faire peur; leurs voix sont adorables pour la tournure et la légèreté. La Zabetta est surtout étonnante par l'étendue de la sienne et les coups d'archet qu'elle a dans le gosier. Pour moi, je ne fais aucun doute qu'elle ait avalé le violon de Somis. »

Il y a cent ans, on commençait pourtant à abandonner son palais, parce qu'on ne s'y trouvait plus assez grand; — ainsi nos aïeux abandonnaient leurs châteaux à tourelles; — aujourd'hui, il n'y a presque plus de Vénitiens dans ces beaux palais du style oriental. Les Vénitiens de 1847 sont des Russes et des Anglais à moitié ruinés qui habitent ces demeures princières pour faire des économies. Madame la duchesse de Luchesi Palli, — ci-devant la duchesse de Berry, — est aujourd'hui la reine de Venise. Mademoiselle Taglioni est plus riche; mais, avec ses trois ou quatre palais, elle n'est toujours qu'une déesse de l'Opéra.

Il y a trois cents ans, on ne s'habillait pas tous les jours à Venise, voyez plutôt les courtisanes du Titien; il y a deux cents ans, on s'y habillait avec un luxe inouï, demandez à Véronèse; il y a cent ans, on s'y habillait d'une perruque et d'un manteau pour braver les fureurs de l'été; aujourd'hui, on s'y habille comme à Paris. — O pays du style étoffé et théâtral! ô patrie de la palette ardente!

Il y a cent ans, les prêtres déjeunaient de l'autel et soupaient du théâtre. On les voyait le soir à l'Opéra folâtrer avec les courtisanes, se démasquer devant elles pour recevoir en face du public des coups d'éventail sur le nez. Aujourd'hui, les prêtres n'ont plus assez d'argent pour avoir des vices.

Il y a cent ans, l'inquisition n'était plus qu'une ombre de puissance, parce que sa justice n'avait plus les ténèbres du mystère. Devant ce tribunal odieux, le conseil des Dix plaçait trois juges souverains. Dès que l'inquisition montrait ses ongles, un des trois juges souverains se levait et suspendait le jugement. Le conseil des Dix, de son côté, était fort débonnaire; il fallait que l'accusé fût bien criminel pour être enfermé dans les Puits ou sous les Plombs. Aujourd'hui la justice de Venise, ayant à combattre Silvio Pellico, a voulu illustrer une dernière fois les Puits et les Plombs du palais ducal[1].

Les prisons de Venise, qui ont eté le prétexte de beaucoup de déclamations et de quelques tragédies en cinq actes, ne sont ni trop haut ni trop bas. Les Puits ne sont pas sous l'eau; les Plombs ne sont pas au ciel. Les Puits sont des cachots fort habitables aux jours de mélancolie. La république, qui ne voulait pas la mort du pécheur, les a garnis de planches pour empêcher toute humidité. Les Plombs sont des espèces de mansardes d'où on jouit d'un des plus beaux panoramas du

[1] On voit encore un geôlier qui se glorifie d'avoir porté à Silvio Pellico son manteau pour aller au tribunal. C'est un vieux soldat de Bonaparte qui pleure en parlant du prisonnier de Sainte-Hélène, et qui vous montre sans jamais s'attendrir les prisonniers soumis à sa garde.

monde, c'est-à-dire Venise nageant sur la mer avec les cinquante îles qui l'environnent. Casanova ne s'y trouvait pas bien, parce que Casanova n'était pas un rêveur [1]. « Mais un président du tribunal d'appel de Venise, le comte Hosenberg, qui les a habités, a écrit dans un journal qu'il souhaitait à beaucoup de ses lecteurs de n'être pas plus mal logés [2]. »

Il y a cent ans, l'Évangile de saint Marc, exposé dans *le Trésor* à côté du clou, de l'éponge et du roseau de la Passion, était écrit en latin sur papyrus; aujourd'hui il est écrit en latin sur parchemin (il y reste à peine quelques lettres éparses). Il y a cent ans, il y avait, comme aujourd'hui, des incrédules; on osait douter de l'authenticité de cette sainte merveille, sous le prétexte assez taquin que les apôtres ont toujours écrit en hébreu ou en grec.

Il y a cent ans, on ne dînait guère et on ne soupait pas à Venise. Les salles à manger étaient peintes par le Bassan ou ses élèves; on y voyait épars les plus beaux fruits du monde, les plus rares victoires de la chasse et de la pêche; mais

[1] On sait que Casanova rejetait la lecture de *la Consolation*, de Boëce, parce qu'il n'y trouvait indiqué aucun moyen d'évasion.

[2] VALERY. Le même voyageur est de notre opinion sur l'ancien gouvernement de Venise : à l'arrivée des Français, en 1797, les registres de condamnations pour crimes d'État ayant été ouverts, on trouva quatorze condamnés depuis le commencement du siècle.

sur la table il n'y avait presque rien à mettre sous la dent. C'était le regard qui dînait. « Les Vénitiens, avec leur faste et leur palais, ne savent ce que c'est que de donner un poulet à personne. J'ai été à la conversation chez la procuratesse Foscarini. Pour tout régal, sur les trois heures, c'est-à-dire à onze heures du soir de France, vingt valets apportent, dans un plat d'argent démesuré, une grosse citrouille coupée en quartiers, qualifiée du nom de melon d'eau, mets détestable s'il en fut jamais. Une pile d'assiettes d'argent l'accompagne, chacun se jette sur un quartier et s'en retourne à minuit souper chez soi. » Aujourd'hui cela n'a pas changé : — toujours les plats d'argent et les melons d'eau, à cette variante près qu'on m'a offert un soir, sur un plat de vermeil, une pomme de Normandie. Les pommes de Normandie sont très recherchées à Venise. J'ai vu plus d'une grande dame y mordre à blanches dents, — comme si c'eût été la pomme amère.

Il y a cent ans, M. Alfred de Musset, qui était alors un amoureux de Grenade et de Venise, chantait avec son timbre d'or :

Dans Venise la rouge
Pas un bateau qui bouge,
Pas un pêcheur dans l'eau,
Pas un fallot.

— Ah ! maintenant plus d'une
Attend au clair de lune

Quelque jeune muguet,
L'oreille au guet.

Pour le bal qu'on prépare
Plus d'une qui se pare
Met devant son miroir
Le masque noir.

Laissons la vieille horloge
Au palais du vieux doge
Lui compter de ses nuits
Les longs ennuis.

Comptons plutôt, ma belle,
Sur ta bouche rebelle
Tant de baisers donnés
Et pardonnés.

Comptons plutôt tes charmes,
Comptons les douces larmes
Qu'à tes yeux a coûté
La volupté.

Aujourd'hui les plus hardis chantent sur les gondoles des cantiques en l'honneur du pape Pie IX, — le réformateur. — Hélas! le monde ne s'est que trop réformé depuis un siècle. L'esprit humain est comme le soleil, qui n'éclaire que la moitié du monde à la fois, — ou comme la mer, qui perd d'un côté ce qu'elle gagne de l'autre. Paris a un peu moins de liberté qu'il y a cent ans; mais où est la république de Venise? Dans la tabatière de M. de Metternich.

XV.

PROMENADES EN GONDOLE.

On ne s'étonne plus, comme autrefois, que les gondoles soient invariablement vêtues de drap noir étoilé de clous d'or. C'était la couleur de la république, c'est la couleur de la république défunte.

Les morts seuls ont le privilége de se faire conduire au cimetière dans des gondoles rouges couleur de deuil de la République, — couleur de sang. — C'est le dernier voyage. On ne se dispute jamais les gondoles rouges.

La Malibran n'aimait pas le noir, car, pour elle, le noir était un pressentiment de la tombe. Elle osa un jour lancer une gondole grise devant la Piazetta. Ce fut toute une révolution. La pauvre Malibran fut sifflée pour la première fois de sa vie.

Rien n'est doux à l'esprit paresseux comme un voyage sans but dans ce dédale qui s'appelle Venise. Le fil d'Ariane, c'est le gondolier. On se laisse bercer indolemment, en proie aux rêveries les plus étranges. On dirait qu'on voyage outre tombe, dans un pays habité par les âmes. A peine si l'on est réveillé à chaque coin de rue par le cri musical du gondolier: *Castellani* — *Nicolotti*. Caron n'était pas plus silencieux dans son voyage achéronesque.

Quand vous serez en gondole, n'oubliez pas la promenade à Chioggia, où bat encore le cœur vénitien, où plus d'un membre du conseil des Dix allait incognito oublier son tribunal dans les joies amoureuses, où Titien allait chercher ses figures réalistes, où Léopold Robert groupait sa scène des pêcheurs, où Goldoni recueillait des saillies pour ses *Gare Chiozzotte*. N'oubliez pas l'île Saint-Lazare où Byron allait étudier avec les Arméniens. Le couvent des laborieux méchitaristes est peut-être la plus digne de toute les institutions monastiques. Les réformistes contemporains doivent à leurs idées un voyage à l'île Saint-Lazare. Ils n'y trouveront pas, comme dans les communautés religieuses clair-semées en Europe, la stérile renonciation au monde, à Satan, à ses pompes et à ses œuvres. Les Arméniens vivent de la vie, avec le ciel pour horizon, dans l'étude qui élève l'âme et qui console le cœur.

XVI.

LES BACCHANALES DU LIDO.

Je suis arrivé un soir au Lido sans y songer. Mon gondolier avait donné un rendez-vous galant : il fallait que j'y allasse. C'était le jour des Bacchanales. Tous les mois les Vénitiens saluent la nouvelle lune au Lido, par des danses grotesques, des tarentelles échevelées, invraisemblables, impossibles, au son d'une musique en délire où le violon et le fifre luttent de sons aigus. On boit beaucoup, on crie beaucoup, on s'agite beaucoup. Le bal de l'Opéra, que dis-je ! la descente de la Courtille est moins folle et moins rugissante. Tout le peuple est là, qui secoue ses haillons et sa gaieté. Quand les filles sont tombées sans souffle sur l'herbe arrosée de vin, les hommes dansent ensemble jusqu'à ce qu'ils tombent à leur tour. Il ne s'est pas encore trouvé de peintre pour consacrer ces Bacchanales par le caractère de l'art. O charmants amoureux de Giorgione et d'Arioste, reconnaîtrez-vous le Lido à ce tableau que j'ose à peine esquisser, vous qui alliez rêver au bord des vagues bleues de cette île poétique !

Le Lido aujourd'hui n'est guère que la barrière

Mont-Parnasse de Venise. Seulement le ciel y est plus beau et la mer répand sa solennité autour de ces bacchanales sans passion.

Les Vénitiens appellent cela des bacchanales comme ils appellent l'escalier du palais ducal l'escalier des Géants. O les merveilleux amplificateurs! Ils seraient dans l'Olympe au banquet des dieux qu'ils ne seraient pas plus olympiens.

Beaucoup de leurs palais sont d'humbles maisons bourgeoises de province. Leur escalier des Géants, un vrai géant ne le verrait pas en passant; leur pont des Soupirs n'a qu'une arche. Les Bacchanales du Lido sont des fêtes pastorales où on ne boit pas une goutte de vin. Si vous cherchez la maison du Titien, vous trouverez le mur d'un jardin dans un petit cul de sac appelé *le détroit de Gallipoli!* Pourtant il y a dans toutes ces ruines des hommes et des choses, je ne sais quoi de fastueux et de grandiose qui explique bien cette épitaphe d'un patricien de Venise, où il exprime le noble regret d'avoir été contraint d'échanger son titre contre celui de grand duc de Toscane[1].

Il n'est pas jusqu'aux Facchini qui ne parlent de leur origine anté-diluvienne et de leurs travaux d'Hercule.

Les touristes vous ont mis en garde contre les

[1] On sait que les patriciens de Venise ne voulaient pas se charger de titres — comme les belles Vénitiennes ne voulaient pas se charger de diamants.

Facchini. C'est un préjugé barbare que de médire des Facchini, en les peignant comme des ogres et des Barbe-Bleue. Le Facchino est un gai compagnon qui vit du soleil tant qu'il peut (on le met çà et là en prison pour ses vertus), qui rançonne de fort bonne grâce et qui donne du ragoût au voyage. Supprimez le Facchino, l'Italie n'a plus le même accent : le Facchino vous égaie, vous irrite, vous donne du montant. On a vu des philanthropes anglais et des progressistes français donner des coups de bâton aux Facchini, parce que ces pauvres diables les voulaient servir avec trop de zèle. Après tout, pourquoi tant de colère pour quelques bajjocci de plus ou de moins ! Le Facchino a tout au plus les miettes de la table du voyageur en Italie. Quand on professe la philanthropie à Londres et le progrès à Paris, on doit honorer l'humanité qui souffre à Venise ou à Rome. C'est surtout dans les États du pape que j'ai rencontré le Facchino primitif. Comme j'arrivais à Ferrare devant le palais de madame Lucrèce, j'éternuai — sans doute d'admiration. — Un Facchino habillé en dandy se précipita à ma rencontre et me dit un *Dieu vous bénisse* de l'air le plus gracieux, après quoi, comme j'allais le saluer avec reconnaissance, il me tendit la main et me demanda un paolo (onze sous). Il s'était incliné, il avait parlé, il fallait bien payer. Je payai de bonne grâce tout en lui demandant son tarif. Les États du pape sont peuplés d'honnêtes gens tout aussi occupés; il faudra bien du génie à

Pie IX pour métamorphoser ses mendiants en hommes.

Mon gondolier me conseilla d'aller me divertir un peu au spectacle des Bacchanales pendant qu'il irait dans l'ancien cimetière des Juifs, où il était galamment attendu. Je suivis une guirlande fanée de jeunes folles, qui couraient en dansant, appelant à elles une troupe de galants enluminés, qui tournaient en rond autour de trois ou quatre bouteilles d'osier, que chacun saisissait à son tour et portait à ses lèvres sans avoir le droit de s'arrêter. Les pauvres délaissées avaient beau appeler : les galants n'avaient plus de baisers que pour la bouteille. Cependant elles étaient belles par la jeunesse et la gaieté. Véronèse et Varotari auraient enivré leurs yeux aux tableaux rayonnants

Des chevelures ruisselantes,
Des prunelles étincelantes
Et de beaux seins
Aux fiers dessins.

Quel luxe de vie et de volupté ! Il ne leur manquait qu'une couronne de pampres. Elles étaient vêtues de quelques haillons prétentieux; elles portaient au cou et aux doigts des verroteries de Murano ; mais elles étaient surtout vêtues de leur jeunesse et parées de leurs folies.

Tout à coup, elles furent dispersées par un véritable our. gan, c'est-à-dire par un groupe de danseurs qui s'abattirent sur elles comme sur une proie toute fraîche. C'étaient les Romains sauvages se précipitant, comme aux jours du combat, sur la vertu effarée des Sabines.

XVII.

LA MAITRESSE DE LORD BYRON.

Il y avait ce soir-là, au Lido, dans un cercle de cabarets improvisés, deux à trois mille Vénitiens qui étaient venus pour être acteurs ou spectateurs aux Bacchanales.

C'était une peuplade très animée et très pittoresque. L'île était assiégée de barcarols du côté de Venise ; du côté de la pleine mer, le rivage était couvert de baigneurs. Je m'étais arrêté non loin de San-Micheli, cette forteresse qui semble taillée en plein roc, devant une marchande d'huîtres. Je voulais savoir pour la première fois si les huîtres de l'Adriatique ont la saveur des huîtres d'Ostende. Les huîtres étaient excellentes. La marchande exposait les débris d'une beauté grave, altière, expressive ; elle avait conservé tout l'éclat de ses beaux yeux.

Comme je mangeais mes huîtres, le comte de F*** que j'avais rencontré au palais Barbarigo, vint s'arrêter devant moi.

— Est-ce qu'elle vous a dit son histoire ? me demanda-t-il.

— Son histoire ! La destinée s'est donc amusée avec une marchande d'huîtres ?

— Elle a été pendant six semaines la maîtresse du plus grand poëte du monde.

— La maîtresse de Byron !

Elle avait entendu ce nom magique.

— Lord Byron, dit-elle avec un sourire mélancolique et une voix dolente.

— Voyons, lui dit le comte de F***, racontez-nous cela en deux mots. Nous mangerons des huîtres tant que durera votre récit.

Elle se fit un peu prier.

— C'est de la folie, murmura-t-elle en levant les yeux au ciel comme pour y lire ce beau roman de sa vie depuis longtemps oublié.

« C'était ici, il y a longtemps ; j'étais à danser comme celles qui dansent là-bas ; il se promenait sur le rivage ; il vint, avec cette belle et noble bête dont j'ai tant baisé le cou, jusqu'au milieu des Bacchanales. J'étais la plus folle, il me trouva la plus jolie.

« — Donnez-moi cette belle fille, dit-il à celui qui dansait avec moi, donnez-la moi, vous verrez comme je vais la faire valser à cheval.

« Mon danseur me saisit et me jeta dans les bras du cavalier, qui me pressa sur son cœur et éperonna son cheval. Ah ! quelle danse désordonnée ! J'avais si peur de tomber, que je n'avais pas peur pour ma vertu. Je me blottissais sur mon cavalier comme la biche sous la ramée pendant l'orage.

« C'était la première fois que je me sentais à cheval ; je me croyais sur une vague à l'heure du flux. A chaque seconde, je tremblais de m'abîmer dans la mer. Je vous le dis : un vrai conte de fées.

« Le soir était venu, la nuit tombait sur nous, j'entendais les chants joyeux des Bacchanales à travers le galop du cheval et le mugissement des vagues. Je descendis de cheval pour entrer dans une gondole toute de velours et de soie. Ah ! quel voyage ! — Vous ne mangez plus, messieurs ? »

En effet, nous dévorions ce roman qu'elle nous racontait en dialecte vénitien, avec des images pompeuses, comme si Byron parlait par sa bouche.

Elle continua ainsi :

« Nous abordâmes au palais Mocenigo. Je tremblais comme les feuilles; j'étais heureuse, effrayée, éperdue. Un palais, un grand seigneur, des laquais, quand ma mère m'attendait près du Rialto pour souper dans notre chenil; ma mère, une marchande de poissons ! Ces laquais ouvraient des yeux grands comme les arcades du palais ducal, je n'osais passer devant eux ; mais lui qui m'aimait encore, me soutint à son bras et me conduisit dans sa chambre.

« Dès qu'il eut fermé la porte, il me donna un cachemire turc et m'ordonna de jeter ma robe par la fenêtre ; il m'attendait pour souper, il ne voulait pas que ma pauvre robe fût du festin.

« J'étais fort en peine. J'avais un lambeau de mantille, que je laissai tomber à mes pieds. Je dégrafai ma ceinture tout en m'éloignant dans l'ombre des rideaux. J'étais décidée à ne pas aller plus loin ; mais il parut s'impatienter et je laissai tomber ma ceinture sur le tapis. « Hâtez-vous, me dit-il, je vous attends pour souper. » Jamais je n'en aurais fini s'il ne m'eût aidée un peu.—Allons, messieurs ! encore quelques huîtres.

« Le lendemain, poursuivit la marchande, il m'avertit qu'une gondole m'attendait à la porte du palais pour me conduire chez ma mère. — Je ne veux pas m'en aller, lui dis-je. Il pria, il ordonna; je fus inébranlable. — Est-ce que j'oserais jamais, lui disais-je, me montrer au soleil du Rialto ? ma mère me battrait ; mais ce n'est pas ma mère que je crains, c'est le soleil. — Eh bien ! me dit-il en m'embrassant, vous partirez ce soir quand le soleil sera couché. — Jamais ! m'écriai-je avec exaltation.

« Nous passâmes la journée gaiement et tristement. Que voulez-vous ! il s'amusait et s'ennuyait avec moi. Je ne savais que lui dire sinon que je l'aimais et voudrais mourir pour lui.

« Le soir venu, il me prit doucement la main : Adieu, me dit-il en m'entraînant, le soleil est couché ! adieu ! nous nous reverrons bientôt !

« Je ne savais plus résister, je me laissai conduire comme un enfant. Quand nous fûmes sur le péristyle, il me fit signe de descendre dans sa gondole ; le gondolier m'attendait rame en main. — Adieu ! dis-je d'un air décidé. Il voulait m'offrir la main, mais déjà je m'étais élancée dans le canal...

« — En vérité, messieurs, vous n'aimez pas les huîtres ! —

« Vous comprenez bien, reprit la marchande, que je ne restai pas longtemps dans l'eau. Ce fut lui qui me sauva. Quand je revins à moi, j'étais encore dans sa chambre; un médecin venait d'entrer; pour lui, il me soulevait la tête avec la tendresse d'un frère. Il était touché jusqu'aux larmes de mon adieu dans l'eau. — Margarita, me dit-il avec passion, vous resterez avec moi toujours. — Toujours, murmurai-je tristement. Le *toujours* de lord Byron dura six semaines, six siècles, il est vrai, si les siècles se comptent par les heures de joie. Quels beaux jours ! quelle fête pour le cœur ! quelle adorable folie !

« Nous allions tous les jours dans cette chère gondole, où je cachais mon bonheur, du palais Mocenigo à quelque île lointaine, souvent au Lido, où nous retrouvions le beau cheval, qui hennissait en nous voyant. Ah ! comme j'aimais la mer ! la mer qui me parlait d'amour et de mort !

« Lui quand il me parlait, je ne comprenais jamais. Et pourtant j'écoutais avec délices. J'entends encore sa voix. Il paraît que j'avais fait une belle action en me jetant à l'eau, car il me disait souvent que, dans toute l'Angleterre, il ne trouverait pas une femme qui fît si bien cela.

« Je n'ai pas recommencé, du reste, et j'aimerais mieux être condamnée à vendre des huîtres et des poissons pendant trois ou quatre siècles que de boire un second coup en pleine eau.

« Ai-je besoin de vous dire la fin! C'est toujours la même histoire, la fin ne vaut pas le commencement. Au bout de six semaines il me pria d'aller vivre avec ma mère, me jurant que son palais me serait toujours ouvert. Il attendait un ambassadeur, il ne pouvait le recevoir en ma compagnie. Cette fois, j'allai toute seule à la gondole... et je ne me jetai pas dans le canal...

« Je ne le revis plus que de loin en loin; il m'avait bien aimée, il m'oublia bientôt. Un jour on me refusa la porte du palais Mocenigo, le lendemain il m'envoya une bourse pleine d'or. J'étais près de ma mère, devant le palais Grimani. Je jetai la bourse dans le canal, je courus à la maison, je me délivrai de ma robe de soie, je déchirai mes dentelles, je m'habillai avec une vieille robe de ma mère, et me voilà... J'ai vendu des poissons et des huîtres... J'ai pris mon parti, j'ai fermé le livre d'or à la plus belle page. Que voulez-vous! je ne savais pas lire. »

Nous écoutions encore. — « Messieurs, vous n'en avez mangé que cinquante-trois. A un demi-zwanziger par huître : total, vingt-sept zwanziger. »

Ce furent ses dernières paroles. Nous trouvâmes les huîtres un peu chères. Le total était arbitrairement résolu, mais nous payâmes sans nous plaindre.

Cette marchande d'huîtres avait eu son heure de poésie. Byron lui-même, le suprême génie, n'avait jamais eu une si belle inspiration, que Margarita lui disant adieu et s'élançant dans la mer. C'est la passion qui fait le poëte.

Je regardai cette femme avec une curiosité de plus en plus ardente, cette femme qui s'était montrée une amante sublime, et qui n'avait plus rien de la femme, depuis qu'elle avait fui le rivage odorant de la jeunesse, et que la soif du gain avait flétri ses lèvres.

Byron a raconté quelques fragments de son histoire avec Margarita. Son récit ne s'accorde pas de point en point avec celui de cette héroïne tempêtueuse. Ainsi, il ne dit pas qu'il l'ait sauvée lui-même. Voici d'ailleurs un portrait de Margarita par Byron :

« Elle prit sur moi un ascendant que je lui disputais souvent, mais qu'elle gardait toujours. Cet ascendant, c'était son œil noir, sa physionomie sombre et expressive ; elle avait le caractère vénitien dans le dialecte, dans la pensée, dans les manières, dans sa naïveté folâtre. De plus elle ne savait ni lire ni écrire, elle ne pouvait me fatiguer de ses lettres. J'en reçus cependant deux qu'elle fit écrire par un notaire, un jour que j'étais malade. Fière, impérieuse, arrogante, elle avait l'habitude de faire ce qui lui convenait sans trop s'inquiéter du temps, du lieu, ou des personnes qui étaient là ; et si les femmes du palais s'avisaient de vouloir la contredire, elle les battait.

« Quand je la connus, j'étais en *relazione* avec la signora ***, qui, la rencontrant un jour, fut assez malavisée pour lui faire des menaces ; car elle avait entendu parler de notre promenade à cheval. Margarita lui arracha son voile et lui cria : « Vous n'êtes pas sa femme, et je ne suis pas sa femme ! Vous êtes sa maîtresse et moi je suis sa maîtresse ! Du reste, quel droit avez-vous de me faire des reproches ? S'il m'aime mieux que vous, est-ce ma faute ? Si vous le voulez garder, attachez-le au cordon de votre jupe. Mais parce que vous êtes plus riche que moi, ne croyez pas que vous puissiez me parler sans que je vous réplique. » Et, après ce morceau d'éloquence, elle s'éloigna, laissant auprès de la signora une nombreuse assemblée pour disserter sur le galant dialogue survenu entre elles.

« Il lui vint mille caprices insensés. Elle était charmante avec son *faziolo* : elle voulut avoir un chapeau et des plumes : toutes mes raisons pour m'opposer à ce ridicule travestissement furent inutiles. Ensuite elle voulut avoir un vêtement de grande dame. Il lui fallait la robe à queue ; toute résistance devenait impossible, et elle traîna avec elle sa maudite queue partout où elle allait.

« Elle m'aimait avec violence. Un jour d'automne que j'étais allé au Lido avec mes gondoliers, une bourrasque nous surprit et nous mit en danger. La gondole était pleine d'eau, la rame perdue, la mer orageuse ; la pluie tombait par torrents, nous voyions la nuit s'avancer, et le vent ne s'apaisait pas. Enfin, après de grands efforts, nous rentrâmes à Venise, et j'aperçus Margarita sur les marches du palais Mocenigo, les yeux baignés de larmes, les cheveux épars et flottant sur son sein trempés par la pluie. Avec son visage pâle et ses regards errant sur la mer qui grondait à ses pieds, elle ressemblait à Médée descendue de son char, ou à la divinité de la tempête. Pas une autre créature vivante n'était là pour saluer notre arrivée. Quand elle me vit, elle n'accourut pas à moi, comme on aurait pu s'y attendre, mais elle cria : *Ah ! can della Madonna, no esta il tempo per andar all' Lido.* Et puis elle battit tout le monde, gondoliers et domestiques. »

Byron ne dit pas s'il fut battu lui-même. Cela ne me paraît pas douteux. Au théâtre n'est pas sifflé qui veut, disait Voltaire. — En amour n'est pas battu qui veut, disait Byron.

Nous revînmes à Venise, à la nuit close, par un beau clair de lune. Ne me parlez pas du Colysée au clair de la lune. Le plus beau spectacle nocturne de l'Italie, c'est Venise avec son silence, son aspect oriental, ses palais qui se mirent dans l'eau, la gondole solitaire, les dômes argentés, la voix solennelle des églises. La lune est le soleil des ruines. C'est par ce soleil éteint qu'il faut voir aujourd'hui cette ville éteinte.

XVIII.

LES COURTISANES.

Jean-Jacques Rousseau a été pour ainsi dire ambassadeur à Venise, puisque M. de Montaigu abandonnait tout, moins les appointements, à son secrétaire. Dans les *Confessions*, d'où vient qu'on ne trouve pas une seule page pour peindre la ville des doges telle qu'elle apparut aux yeux du philosophe de Genève? Pas un mot de Titien ni de Véronèse, ni des palais, ni des tableaux. Aux XVIIe et XVIIIe siècles, l'art ne pénétrait plus dans la littérature. Winckelmann disait : « Les écrivains ne sont pas plus en état de parler des tableaux ou des statues, que les pèlerins ne le sont de faire la description de Saint-Pierre de Rome. » On avait la foi, on n'avait pas les yeux. Jean-Jacques ne savait voir que les montagnes, les forêts et les lacs. On doit toutefois reconnaître que Rousseau a peint, avec la palette du Padouan, un portrait de courtisane vénitienne; regardez :

« Je vois approcher une gondole. — Prenez-garde à vous, voici l'ennemi. La gondole aborde : une fille éblouissante, brune de vingt ans, coquette et vive, vint s'asseoir à côté de moi et me parla italien avec un accent qui me fit tourner la tête. Elle prit tout à coup possession de moi comme d'un homme à elle. Zulietta me donnait à garder ses gants, son éventail, son *linda*, sa coiffe; m'ordonnait d'aller ici ou là, de faire ceci ou cela, et j'obéissais. Écoute, Zanetto, me dit-elle, je ne veux pas être aimée à la française, ne me reste pas à demi; au premier moment d'ennui, va-t-en. Le soir, nous la ramenâmes chez elle. Tout en causant, je vis deux pistolets sur sa toilette : c'étaient ses compagnons de plaisir. Je la trouvai, le lendemain, *in vestito confidenza*. Les jeunes vierges des cloîtres sont moins fraîches, les beautés du sérail sont moins vives, les houris du paradis sont moins piquantes. Ses manchettes et son tour de gorge étaient bordés d'un fil de soie garni de pompons ou plutôt de roses. C'était la porte de l'Élysée.»

Il y a encore des courtisanes à Venise, mais il n'y a plus de Zulietta. Ceux qui veulent les connaître, au point de vue de l'art, devront se contenter de leurs folles chevelures, de leur cou fier et de leur gorge somptueuse. Pour le reste, elles sont indignes des courtisanes qui posaient devant Phidias et Praxitèle. Elles font comprendre que, si on a remplacé la ceinture de Vénus par la robe discrète, c'est que l'humanité voulait cacher ses flancs appauvris et ses jambes grêles. Aussi, les courtisanes consentent à poser devant l'amour qui aime le mystère, mais elles refusent hautement de poser devant l'art, qui aime le soleil.

XIX.

LA DUCHESSE DE BERRY.

Le palais de Venise aujourd'hui le mieux habité, est le palais de madame la duchesse de Luchesi-Palli (la duchesse de Berry). Elle est devenue Vénitienne parce qu'elle est née à Naples, mais elle est Française par le souvenir — par l'espérance, peut-être. — En entrant chez elle, l'hospitalité vous accueille si gaiement que tout étranger se croit dans son pays. On y trouve plus d'une page d'histoire de France : un soulier de Louis XIV que M. le comte de Chambord voudrait bien chausser (le soulier est peint par Rigaud et non par Vanloo); — le livre de prières de Marie-Antoinette; la *Famille pauvre* de Prudhon, éloquente plaidoirie démocratique que chaque roi devrait avoir dans la salle du trône; des lettres de Henri IV que Henri V a relues souvent; — tout un Musée, tout un Louvre, tout un Versailles.

Madame de Luchesi, depuis qu'elle est en Italie, semble avoir défié les hivers. Il n'a point encore neigé sur son front. Il y a des femmes devant lesquelles le temps passe sans compter. Les païens avaient inventé les Heures couronnées de roses,

La plupart des palais célèbres sont abandonnés aux étrangers. Quelques-uns ne sont pas habités, mais l'Europe voyageuse y va trôner çà et là. Ils ont tous quelques chefs-d'œuvre à étaler; mais, peu à peu, la Russie et l'Angleterre auront dévasté Venise. Ainsi, reverrai-je à mon prochain voyage la Madeleine du Titien et la Suzanne du Tintoret au palais Barbarigo, où elles sont en vente, deux tableaux pour lesquels je donnerais quatre madones de Raphaël.

Oui, je retournerai dans ce pays qui ose être beau sans arbres et sans chevaux; où la fraîche Adriatique vous envoie, en été, je ne sais quelle fraîcheur du paradis idéal; où le vent oriental est si doux l'hiver qu'il est surnommé, par les Vénitiens, « le manteau des pauvres. » J'irai manger, ô Venise, tes bœufs de Styrie, tes muges voluptueux de Chioggia, tes poulets de Rovigo, tes bécassines de la Brenta, ton turbot chanté par Boccace, tes ortolans de l'Adriatique, tes beaux fruits d'Este et de Montagnana; j'irai boire ton vin de Chypre et ton *val Pollicella*. J'irai revoir tes femmes aimées de Giorgione et de Casanova; tes pommes de Normandie ou du paradis perdu.— Pauvre Venise! toi aussi tu es le paradis perdu.

APPENDICE.

Que celui qui doit aller à Venise ne lise pas ce Voyage, ni aucun autre livre sur Venise. Il faut que le pays où l'on voyage soit une forêt vierge, où les aventureux puissent faire à leur tour des découvertes. A quoi bon le mot de l'énigme avant d'avoir lu l'énigme? Le vrai voyageur est comme l'amant passionné: que lui font les portes ouvertes à tous, puisqu'il passe par la fenêtre.

Il m'est tombé sous la main, quand j'écrivais ce Voyage, un petit livre : *Venise et Padoue*, d'un ancien bibliothécaire du roi à Versailles. M. Valery n'est pas, comme moi, un fantaisiste cherchant des statues, des bas-reliefs et des tableaux peints ou vivants; c'est surtout un voyageur savant qui secoue la poussière des livres. Je vais le laisser un peu parler sur la vie à Venise, au point de vue du voyageur, car mon libraire trouve que mon Voyage est ce que j'avais voulu qu'il fût : — Inutile.

LA VIE A VENISE.

La situation de Venise, au sein des lagunes,

semble devoir rendre l'air humide et vaporeux ; mais cet air est continuellement renouvelé par les vents et le sud-est qui le dépouillent du gaz méphitique. Selon plusieurs savants, il est doux, égal, nourrissant quoique sans pesanteur, moins humide même que celui de Milan. Les émanations salines des lagunes créent une atmosphère particulièrement favorable aux personnes atteintes de phthisie pulmonaire, scrofuleuse, tuberculeuses ou de dispositions rachitiques, et les bains de mer y sont très efficaces contre ce genre d'affections. Ces bains, qui peuvent être pris l'hiver et continuer le traitement commencé l'été à d'autres bains salins de terre ferme, doivent leurs qualités à la vase et aux algues. La meilleure de celles-ci est le *sphærocens conferroïdes*, à cause de la quantité extraordinaire de substances gélatineuses qu'elle contient, et de la facilité à l'extraire et à l'avoir toujours fraîche dans ces eaux où elle croît abondamment l'hiver, même dans le grand canal.

Le régime ichtyologique, si excellent à Venise, surtout les huîtres et les célèbres *pidocchi* dont il va être parlé ; les promenades en gondoles, qui bercent doucement au soleil pendant deux ou trois heures les malades enveloppés de la vapeur marine, secondent merveilleusement l'effet des bains et du climat ; et l'agrément de la vie et de la société le complète. L'été seul produit quelques fièvres périodiques communes aux plages maritimes de l'Adriatique et de la Méditerranée, voisines des marais. Les pestes dont Venise a souffert n'ont pas été plus désastreuses que celles de Milan et de Florence; et parmi les grandes cités italiennes elle est celle qui souffrit le moins du choléra. L'air est tempéré, et le vent sud-est qui adoucit la rigueur du froid de l'hiver, est surnommé par les Vénitiens « le manteau des pauvres. » Ce climat est réparateur pour les enfants et les vieillards; mais il paraît moins convenable aux personnes de l'âge moyen, et il produit parfois chez les étrangers une révolution intérieure. La santé de Venise est généralement bonne; on y parvient à un âge avancé, et l'on y compte quelques centenaires.

Venise offre aux gourmands des jouissances vives et variées. Les bœufs venant de Styrie, élevés pour l'alimentation, et qui ne travaillent pas, donnent une viande de qualité supérieure. Le veau de Chioggia est exquis et meilleur que celui de la terre ferme. La Polésine de Rovigo fournit en abondance de grasses et fines volailles. Le voisinage des marais rend le gibier nombreux, excellent et peu cher. Les bécassines en hiver se donnent pour quatre ou cinq sous de France. Le lièvre est bon; et le lapin, dédaigné, n'est mangé de personne.

Le poisson de l'Adriatique jouit d'une juste célébrité; il fournit d'abondants et de délicats tributs à la reine de cette mer. Si les Vénitiens, remarque ingénieusement Addison, étaient bloqués de tous côtés, ils pourraient en quelque sorte échapper à la famine par la quantité de poissons que la mer leur fournit, et qu'on peut prendre au milieu même des rues; ce qui est un magasin naturel que très peu de villes peuvent se vanter d'avoir. On cite : le magnifique rouget (*triglia*), le premier des poissons de l'Adriatique; le turbot (*rombo*), déjà loué par Boccace dans sa longue et remarquable lettre au prieur des Saints-Apôtres de Florence, où se trouve un tableau si vivant de la maison, du luxe et du train de vie d'un grand de l'époque; les sardines fraîches (*sardelle*), qu'on a surnommées les ortolans de l'Adriatique, et qui se passent d'assaisonnement : les soles (*sfoglie*) excellentes; les petits poissons (*sachette*); les gobies (*paganello de mar*); l'ombrine qui pèse jusqu'à quarante livres, et le thon jusqu'à cinq cents, mais d'ordinaire de dix à cinquante. Ce dernier arrive du mois d'août au mois d'octobre; afin de l'avoir toujours de bonne qualité et d'échapper au danger de sa putridité, la police examine les barques qui l'amènent, surtout lorsque le sirocco en a retardé l'arrivée, et pour peu qu'il soit avancé, elle le fait jeter à la mer. Les huîtres de l'arsenal, énormes, grasses, ne pourraient se manger à la douzaine; cuites et assaisonnées aux fines herbes, à la vénitienne, elles forment un mets agréable et digestible. Malgré l'horreur de leur nom, on estime encore plus les *pidocchi* (poux de mer) de l'arsenal, sorte de moule fort savoureuse; mais ils sont rares, ils ne se pêchent qu'en juin et juillet, et l'on est quelque peu surpris, au milieu des flots, de les payer aussi cher. Les muges voluptueux pullulent dans la fange des canaux de Chioggia. On en fait d'amples salaisons; la chair bonne, tendre, expose, si l'on en mange trop, à des maux de tête et même à la fièvre. Les œufs comprimés, salés et séchés, donnent une sorte de caviar appelé *bottargue*, très recherché, qui s'accommode avec de l'huile et du citron. La plupart de ces poissons si exquis, et d'autres, tels que le rouget, la sardine, les poux, le turbot, le maquereau, le homard et les huîtres surtout, ont encore le mérite de donner aux malades un bouillon très salutaire [1].

Les fruits, abondants et bons, viennent des collines d'Este, de Monselice et de Montagnana [2].

[1] Les vins de France et d'Espagne, grâce au port franc, arrivent sans payer. Le vin de Chypre véritable coûte au café de 5 à 10 sous le verre; l'ordinaire se paye 31 sous la bouteille, et la première qualité 3 fr. Les autres bons vins sont le *val Pollicella* et le *piccolit* de Conegliano et du Frioul.

[2] Auberges. — Elles ne sont pas du premier ordre : l'*Europe*, qui a une table d'hôte à 3 fr. 50 c., fréquentée par les Français ; *la Lune, l'Albergo Reale, le Lion blanc, la Reine d'Angleterre.*

Les logements en garni sont peu chers, mais assez négligés. Ils coûtent par mois de 20 à 40 fr. Il existe à l'entrée de la place Saint-Marc un bureau de location où l'on peut s'en procurer. Les personnes qui désirent des appartements plus élégants, s'adresseront, soit au magasin d'objets d'art du *Gondoliere*, près des *Procuratie Vecchie*, soit au cabinet de lecture du *Gondoliere*, place Saint-Marc. Il faut, principalement l'été, se loger sur le grand canal, afin de parcourir le soir, en gondole, ce *Corso* liquide.

Il faut se méfier du vin à Venise, parce que souvent il est frelaté. Les mariniers en boivent pendant le trajet, et le remplacent par de l'eau des lagunes, eau insalubre, quoiqu'elle ne manque

Restaurateurs. — *Il Cavaletto.*— *Il Vapore.*— *Il Capello.*— Le cabaret de *San-Benedetto,* aimé des artistes.

Cafés. — Place Saint-Marc.

Les amateurs de bons poissons et de l'originalité culinaire, doivent aller à *Quintaralle,* chez *Sur-Zuane.,* qu'il faut autant que possible prévenir d'avance. Ils auront là des jouissances que le Rocher de Cancale parisien n'effacera point.

Au Môle, café du *Fonso.* — De la *Veneta marina* on jouit d'une belle vue. — *L'Aurore* et l'*Albero d'oro* sont les estaminets des jeunes élégants.

Gondoles. — 50 cent. l'heure ou la course; pour toute la journée 3 fr. Le voiturin pour *Bologne,* nourriture compris, 20 fr. par place. — Un *bateau à vapeur* part le soir trois fois par semaine pour *Trieste.* Il arrive en sept ou huit heures. Le prix des premières places est de 20 wanziger (17 fr. 40 cent.).

Une gondole pour aller de *Mestre* à Venise coûte 3 fr., plus 50 cent. pour la bonne-main.

Libraires. — Le *Gondoliere.* Cette vaste et intelligente librairie a deux maisons, place Saint-Marc, l'une pour les livres italiens, l'autre pour étrangers et italiens. Elle a créé le journal le *Gondoliere.* — *Ganciani,* pour les livres anciens. — *Gnoato.*— *Cabinet de lecture du Gondoliere,* place Saint-Marc.

Ateliers. — *Peintres :* MM. Schiavoni; Lipparini; Gregoletti; Duse; Busato; Borsato, pour les tableaux de genre; Viola, paysagiste; Borsa, pour les scènes populaires. — *Sculpteur :* M. Ferrari, qui annonce à l'Italie un digne compatriote et un héritier de Canova. Une figure de la *Mélancolie,* et surtout un *Laocoon,* même après le groupe antique, ont excité l'admiration universelle.

Magasin de tableaux des anciens maîtres. — La collection

pas d'agrément et ait un petit goût d'eau de Seltz. Les personnes aisées et précautionneuses chargent un domestique éprouvé de surveiller sur la barque le transport du vin.

La chasse des environs de Venise, belle par le voisinage des marais, s'étend sur tout le littoral depuis Aquilée jusqu'au port ancien et historique de Caorlo, aujourd'hui ruiné. Les canards sauvages et les plongeons abondent. Cette chasse, pour laquelle les Vénitiens étaient très passionnés, formait jadis un des spectacles solennels et joyeux, particuliers à leur pays.

Que les voyageurs qui aiment les points sur les *i*, et qui ont horreur de l'imprévu — l'imprévu, le

de notre compatriote M. de Civry est au premier rang et présente parfois d'authentiques chefs-d'œuvre dignes des galeries royales. — Barbini. — Sauquirico. — *Magasins d'objets d'art et de papeterie élégante*, du *Gondoliere*. — *Lithographie*. — Bel établissement de M. Gaspari, qui a déjà reproduit trente des plus grands tableaux de l'école vénitienne. — *Petites chaines d'or* si estimées pour la finesse du travail et la pureté de l'or; chez Cuchetti et les autres bijoutiers, même les plus petits. Les prix varient selon la délicatesse du travail.

Magasins de soieries et de nouveautés. — Caron. — Tropeani. — *Couturière et marchande de modes*. — Madame Adèle, qui reçoit tous les jolis pompons et toutes les gracieuses créations de Paris.

Tabacs. — Le tabac et les cigares vénitiens sont médiocres, mais il y en a d'excellents à Trieste. On peut s'en procurer dans cette ville à la ferme générale par l'entremise d'un ami ou correspondant, et les recevoir par le bateau à vapeur. Ces cigares de Trieste, vrais la Havane, qui ne coûtent que 4 ou 5 sous, doivent décider au voyage certains amateurs.

cheval indompté du voyage! — emportent dans leur poche le petit livre de M. Valery; ou plutôt, qu'en arrivant à la ville impossible ils aillent au café Florian, et demandent à la jolie bouquetière de la place Saint-Marc ce qu'il faut faire à Venise de son temps, de son cœur et de son argent.

FIN.

TABLE.

DE L'IMPRIMERIE DE GUSTAVE GRATIOT.

www.ingramcontent.com/pod-product-compliance
Ingram Content Group UK Ltd.
Pitfield, Milton Keynes, MK11 3LW, UK
UKHW021231230726
13926UKWH00003B/1370

9 782019 161385